LA
JUSTICE CRIMINELLE
EN FRANCE

ÉTUDIÉE PRINCIPALEMENT DANS SES RAPPORTS AVEC

L'INSTITUTION ET L'ORGANISATION DU JURY,

LE RÉGIME PÉNITENTIAIRE ET L'ENSEIGNEMENT PRIMAIRE,

Par L. LOUBET,

Ancien magistrat, ancien conseiller général,
Membre de l'Académie de Vaucluse et de plusieurs autres Sociétés savantes,
Chevalier de la Légion d'honneur.

Unique ut arte sua credendum est.

PARIS

LAHOZE ET FORCEL, LIBRAIRES-ÉDITEURS,

22, RUE SOUFFLOT, 22.

LA
JUSTICE CRIMINELLE
EN FRANCE.

LA
JUSTICE CRIMINELLE
EN FRANCE

ÉTUDIÉE PRINCIPALEMENT DANS SES RAPPORTS AVEC

L'INSTITUTION ET L'ORGANISATION DU JURY,

LE RÉGIME PÉNITENTIAIRE ET L'ENSEIGNEMENT PRIMAIRE,

Par L. LOUBET,

Ancien magistrat, ancien conseiller général,
Membre de l'Académie de Vaucluse et de plusieurs autres Sociétés savantes,
Chevalier de la Légion d'honneur.

Cuique in arte sua credendum est.

PARIS
LAROZE ET FORCEL, LIBRAIRES-ÉDITEURS,
22, RUE SOUFFLOT, 22.

AVANT-PROPOS.

AVANT-PROPOS.

Je me propose de traiter avec modération, mais sans détour et sans faiblesse, un sujet des plus graves: la justice criminelle en France, étudiée dans ses rapports avec l'institution et l'organisation du jury, le régime pénitentiaire et l'enseignement primaire.

Ce travail est à peu près terminé depuis plusieurs années et mon intention n'était pas d'abord de le livrer à la publicité. Il me paraissait impossible que des questions d'un ordre si élevé ne fussent pas abordées d'un moment à l'autre par une plume plus autorisée que la mienne. Mais personne ne demandant la parole, je me décide à la prendre moi-même, estimant qu'il est du devoir de tout homme convaincu d'exprimer librement son opinion dans toutes les circonstances où l'avenir de son pays lui paraît engagé.

Répondre aux attaques injustes dont la législation criminelle française a été souvent l'objet dans ces dernières années;

Constater l'état progressif de la criminalité et rechercher les causes de cette progression;

Etablir que le jury, tel qu'il est organisé aujour-d'hui, ne répond ni à la pensée du premier légis-lateur, ni aux exigences de la société actuelle;

Indiquer les réformes les plus indispensables pour arriver à la réorganisation de cette institution;

Tel est le but de ce travail.

Je ne sais si je me fais illusion, mais il me semble que je dois avoir quelque compétence pour donner mon humble avis sur de telles matières. Tour-à-tour substitut, chef de parquet, juge d'instruction, vice-président, puis président d'un tribunal o-def-lieu judiciaire, et appelé plusieurs fois à présider les assises, j'ai pris pendant quarante ans une part active à l'administration de la justice criminelle et j'ai pu, mieux que personne, apprécier ses mérites et ses imperfections.

Arrivé au terme de ma carrière, il m'a semblé que je pouvais rendre un dernier service à mes an-ciens collègues, en leur offrant, je pourrais dire en leur léguant le fruit de ma vieille expérience, de mes longues et consciencieuses études. Comme la plupart d'entre eux, je suis entré dans la magis-trature le cœur plein d'enthousiasme et d'illusions généreuses. J'étais persuadé que les sociétés qui se civilisent étaient bien plus portées au bien, au devoir et à la vertu; que l'instruction, en se répan-dant dans toutes les classes, devait naturellement avoir pour effet d'adoucir les mœurs, d'élever les esprits, de corriger les mauvais penchants et les mauvaises passions.

J'ai eu depuis lors le temps de revenir sur beaucoup d'erreurs. Une expérience douloureuse m'a appris que l'instruction ne suffit pas pour faire un honnête homme et un bon citoyen; que les peuples vivent de réalités et non de fictions; que les poètes et les philosophes ne sont pas des hommes d'État; que l'enthousiasme ne dure qu'un instant et que les hommes, avant comme après les révolutions, n'en restent pas moins ce qu'ils ont toujours été, c'est-à-dire sujets aux mêmes passions, aux mêmes misères, aux mêmes infirmités physiques et morales. J'ai pu me convaincre encore que l'indulgence et la pitié vis-à-vis des coupables, lorsqu'elles sont poussées jusqu'à l'excès, ne servent qu'à enfanter de nouveaux crimes et que la loi pénale, œuvre de répression et de sécurité sociale, doit être appliquée humainement, mais sans faiblesse et sans fausse philanthropie.

La pénalité n'est pas entre les mains de la société une arme de hasard et de circonstance: elle est l'arme du droit pour protéger l'ordre social et tous les intérêts sacrés qui en découlent. Il faut une garantie à la société pour se défendre et une expiation à la justice pour conserver dans ses arrêts la morale éternelle dont elle est la gardienne.

Depuis un grand nombre d'années, nous voyons se produire cet étrange contraste; d'une part le

nombre des méfaits ne cessant de progresser, de
l'autre la répression s'affaiblissant de jour en jour.
N'y a-t-il pas là un grave symptôme de nature à
faire réfléchir tous les honnêtes gens, en dehors de
toute opinion politique ou religieuse et de tout
esprit de parti?

On peut voir par ces quelques lignes les idées
qui m'ont inspiré dans cette étude. Qu'on les
approuve ou qu'on les condamne, j'aurai du moins
appelé l'examen et la discussion sur des problèmes
qui préoccupent les meilleurs esprits et dont il
serait impossible de contester l'importance.

Le moment me paraît, d'ailleurs, favorable pou
un tel examen.

Jamais le public n'avait porté aux questions
judiciaires un intérêt plus vif et plus soutenu. Un
procès important est-il annoncé par la presse? on
veut savoir aussitôt comment il va s'instruire et
comment il se déroulera. On s'agite, on s'inquiète,
on se passionne, on pèse les conjectures, on discute les présomptions. Est-ce un riche, un des
puissants du jour qui, après avoir jugé les autres,
est jugé à son tour? on se demande si la justice
aura la main assez ferme pour être impartiale, si
elle ne cèdera pas à des prières, à des sollicitations
extérieures.

Voltaire, qui a pris part à la discussion de tous
les grands procès de son temps, écrivait qu'un
sujet de cette nature lui paraissait « plus important

que cent mille billevesées mathématiques et cent mille discours pour les prix académiques. »

Combien de gens qui sont aujourd'hui de l'avis de Voltaire !

Ce serait une grosse erreur, je me hâte de le dire, de croire que ce goût pour les débats judiciaires nous est venu tout d'un coup et sans savoir comment. Il a existé à toutes les époques et sous tous tous les régimes.

Les peuples s'amusent comme ils peuvent, suivant leur inclination et leur tempérament. Aux Romains il fallait les jeux du cirque, et la populace de Rome, à la veille de perdre l'empire du monde, ne demandait à ses maîtres que deux choses : des spectacles et du pain. Il faut aux Espagnols les combats de taureaux ; aux Italiens, de la musique et de la poésie. Les Anglais s'acharnent aux combats de coqs et aux paris ruineux. Les Français donnent la préférence aux distractions qui tiennent en éveil leur intelligence et ce goût instinctif pour la controverse dont les anciens historiens avaient déjà découvert la source dans le vieux sang gaulois et qui forme aujourd'hui l'un des principaux traits de la physionomie nationale. De là, cette soif de voir, de savoir et de discuter, qui attire la foule aux audiences de la cour d'assises et du tribunal correctionnel.

Au fond, n'y a-t-il pas plus d'intérêt et de vérité dans certains procès criminels que dans la plupart de ces romans qu'on offre chaque jour à notre curiosité blasée ? Est-il un spectacle plus saisissant que celui de ces luttes violentes où la misère et le crime prennent corps à corps la justice et la société ? Il n'y a pas ici de ces dénouements tout faits et qu'il est facile de deviner d'avance. Ce sont à chaque instant des incidents imprévus, des caractères nouveaux, des émotions nouvelles.

Autrefois le public ne suivait guère, en France, les procès criminels, et cela par une excellente raison : c'est que la justice tenait fermée à double tour la porte du prétoire. Seulement, il écoutait à travers la porte, recueillant avec avidité tous les bruits du dedans et se permettant de tenir à son tour la balance du juge et de juger ceux qui venaient de juger.

Qu'on remonte aussi loin qu'on voudra, on trouvera à toutes les époques, chez le public, cette disposition bien arrêtée de se faire lui-même partie dans les querelles judiciaires.

Sans aller bien loin, voyez Fouquet, le riche surintendant, jugé par des commissaires, sous la présidence d'un chancelier de France, pour prétendues malversations commises au préjudice de l'État. Y a-t-il, dans ce siècle si retentissant de Louis XIV, beaucoup d'événements dont le bruit ait surpassé celui de ce procès ?

« Tout le monde s'intéresse à cette grande affaire, écrit Madame de Sévigné, on ne parle d'autre chose; on raisonne, on rit, on tire des conséquences, on compte sur ses doigts, on s'attendrit, on craint, on souhaite, on hait, on admire, on est triste, on est accablé. »

Cette affaire fut, en effet, pendant assez long-temps l'affaire importante de la ville et de la cour, et Fouquet, sur sa sellette d'accusé, devint le héros du jour.

Le XVIIIme siècle, à la fois si futile et si sérieux, faisait dans ses préoccupations et ses idées une large part non seulement aux procès religieux et politiques, mais aussi aux procès criminels ordi-naires, et plusieurs d'entre eux ont eu un retentis-sement considérable. En premier lieu, l'affaire Morangiès, où l'on trouve Voltaire, que l'on trouve d'ailleurs partout ; puis l'affaire du comte de Horn, où l'on vit couler sur l'échafaud un sang mêlé à celui de plusieurs familles princières de l'Europe ; un peu plus tard, ces procès scandaleux qui déshonorent la vieillesse du maréchal de Richelieu ; enfin, ce procès sans exemple, qui devait jeter le nom d'une reine de France au milieu d'ignobles débats et montrer l'un des chefs de la noblesse française, un prince de l'Eglise, assis sur la sellette, entre une fille publique et une voleuse.

Pendant l'orage révolutionnaire, si cette ardeur semble s'être attiédie, c'est qu'il n'y avait personne au parterre pour suivre les péripéties du drame dans lequel, sacrificateurs ou victimes, tout le monde avait un rôle à jouer. Il ne pouvait être alors question de ces thèses humanitaires et phi-

lanthropiques où nous voilà maintenant échoués.
La mort était là, toujours prête, et on n'avait guère
le temps de penser à autre chose.

Sous l'Empire, l'attention était aussi ailleurs. La
France, à cette époque, c'était l'Europe. Le bruit
des procès était naturellement étouffé par celui du
canon. L'éloquence judiciaire était entrée au bi-
vouac ; elle était aux Pyramides, à Austerlitz, à
Wagram, sous les murs de Vienne et de Berlin.

Sous la Restauration et sous le gouvernement
de Juillet, on voit reparaître, avec la liberté de la
presse et de la tribune, les procès politiques. De
grands écrivains et de grands orateurs viennent
successivement s'asseoir sur le banc de la cour d'assises et du tribunal correctionnel. Le général Foy,
Benjamin Constans, Paul-Louis Courier, Béranger,
arrivent les premiers ; puis vient le tour de Lamen-
nais, de Lacordaire, de Montalembert, de Chateaubriant et de quelques publicistes distingués appartenant plus spécialement à la presse quotidienne.

On a dit avec raison que si on voulait suivre
à la piste notre histoire politique de 1815 à 1848,
on la trouverait confinée presque tout entière
entre la cour d'assises et la police correctionnelle.
C'est là, en effet, que tous les partis sont venus,
pendant plus de trente ans, vider comme en
champ clos leurs querelles religieuses, politiques et
financières. C'est de 1815 et de 1830 que date
l'éloquence judiciaire appliquée à la politique.

Malgré le retentissement donné à ces grands procès, le public ne perdait pas de vue les procès criminels ordinaires.

Qui n'a entendu parler de cette mystérieuse affaire Fualdès, jugée à Rodez, puis à Albi, en l'année 1817, qui se termina par quatre condamnations à mort et vint faire diversion pendant plus d'un an à toutes les querelles politiques. Pendant plus d'un an, il ne fut plus question de bonapartistes et de royalistes; on oublia même que l'étranger foulait le sol de la patrie : l'attention publique fut entièrement absorbée par les mystères de la maison Bancal et les réticences de Madame Manson.

Cette Madame Manson publia, à la suite de son arrestation, un long mémoire *dédié aux âmes sensibles*, par lequel elle entendait se justifier non seulement aux yeux de ses juges, mais à *ceux de l'Europe entière, dont elle fixe malheureusement l'attention.*

Un journal du temps écrivait à cette occasion :

« Il paraît que Madame Manson aspire en même
« temps à plusieurs genres de célébrité: nous
« avions déjà ses lettres; elle fait aujourd'hui
« imprimer ses mémoires; elle veut plaider elle-
« même ; elle fait des vers, parle latin, souscrit
« pour les naufragés de *la Méduse*, soigne sa toi-
« lette et dit des mots qui visent à l'esprit et au
« sentiment. Il y a quatre mois, elle n'était pas
« connue au-delà de l'Aveyron, et tout à coup elle

« a franchi les Alpes, les Pyrénées, le Rhin et le
« Danube... Cette modeste bourgeoise d'une petite
« ville du Rouergue occupe plus à elle seule l'at-
« tention publique que dix batailles gagnées et
« vingt traités de paix. Quel prestige l'environne
« donc pour qu'elle soit traitée avec une distinc-
« tion inusitée vis-à-vis des accusés? »

On voit par là que cette ardente curiosité dont
on se plaint aujourd'hui date chez nous d'assez
loin et qu'il ne faut pas en accuser exclusivement
notre siècle et notre société.

Ce qui date réellement de notre temps, c'est
cette pitié désordonnée, cet intérêt sentimental
pour les grands criminels qui prend de plus en
plus un caractère vraiment scandaleux.

C'est sous le gouvernement de Juillet qu'a com-
mencé ce mouvement.

Voici ce que je trouve dans un journal du
temps, à propos du fameux assassin Lacenaire :

« Connaissant son siècle, il savait d'avance fixer
« l'attention publique et devenir pour plusieurs
« jours le point de mire de tout Paris. On ne peut
« dire ce qu'il y eut de plus triste, de l'impudence
« de l'assassin citant Horace, ou de l'engouement
« qu'il inspira. Ses portraits furent installés sur
« les quais et les boulevards, où vainement on
« cherchait ceux de ses malheureuses victimes.
« De tous côtés lui arrivaient à son cachot des
« mets exquis et des vins délicats, tandis qu'à
« deux pas de lui de pauvres malheureux que la

« faim avait fait criminels mangeaient le pain
« noir et dur de la geôle. Chaque jour un homme
« de lettres le visitait, réunissait précieusement
« ses sarcasmes, ses phrases, calculées pour pro-
« duire de l'effet et composées dans l'ivresse.
« Des femmes jeunes, belles, élégantes, solliçi-
« taient l'honneur de lui être présentées et se dé-
« solaient de ses refus. Une noble comtesse, mère
« de famille, lui adressait des vers et s'attirait
« une réponse qui dut faire rougir son front. »

La même curiosité sympathique s'attacha à
Fieschi, à Eliçabid, à Peytel, à Tragine, à Laron-
cière, à Madame Lafarge et à d'autres criminels
dont le procès occupa la France entière

Un journal annonçait, à titre de bonne nouvelle,
« qu'Eliçabid avait enfin consenti à laisser faire
son portrait par l'un de nos plus habiles artis-
tes. »

Lors du procès Lafarge, en 1840, certains journaux avaient établi un service spécial de poste,
entre Paris et Tulle, afin d'être plutôt informés des
incidents d'audience. Les reporters de l'époque
étaient pleins d'admiration *pour lo regard long,
fier, doux et caressant* de l'accusée. Après la condamnation, la presse annonçait à grand bruit
tous les matins, les *mémoires de Madame Laffarge écrits par elle-même*. Il n'est pas jusqu'à
cette *jument gris-pommelé*, dont parle avec tant
d'intérêt dans ses lettres l'héroïne du Glandier,
qui n'ait eu un moment sa célébrité.

Dans les crises de la révolution de 1830, il est

peu d'événements qui aient excité autant d'émotion,
autant de polémiques, autant de discussions passionnées que les péripéties du procès du lieutenant
de La Roncière, fils d'un lieutenant-général, jugé
par la cour d'assises de la Seine, pendant l'année
1835. Pendant dix mois, la France et l'Europe
furent tenues dans une anxiété qu'il a été donné
à bien peu de drames judiciaires de provoquer
au même degré. Incroyable par les faits, inexplicable
par les moyens, mais profondément douloureux
pour deux grandes familles, ce procès, auquel
trois des plus éminents avocats de l'époque ont
attaché leur nom, avait produit dans toutes les
classes un soulèvement électrique qui dura longtemps après la décision du jury. C'est ainsi qu'on
vit pendant huit jours entiers le plus impressionna-
ble des auditoires, haletant des émotions du débat
et enivré d'éloquence, tantôt fondre en larmes à la
voix éloquente de M⁰ Berryer et de M⁰ Odilon
Barrot, avocats de la partie civile, tantôt applaudir
avec enthousiasme aux accents passionnés de M⁰
Chaix-d'Est-Ange, défenseur de l'accusé.

Cet engouement du public s'adressait non seulement à la personne et aux actes des criminels,
mais encore à tout ce qui leur avait appartenu et
à ceux qui avaient joué dans le procès un rôle
important, soit comme témoins, soit comme dénon-
ciateurs, soit à tout autre titre. On se disputait
leurs objets de toilette, leurs portraits, leurs auto-
graphes, leurs poésies. Quelques-uns de ces scé-

lérats, notamment Lacenaire, avaient été, en effet, autorisés à versifier et à écrire leurs mémoires dans leur cachot, à leurs moments perdus.

On écrivait, à la suite de l'exécution de Peytel, ce médecin assassin que Balzac a si chaudement défendu, que « les habitants de Belley s'étaient portés en foule à la vente de son mobilier, chacun voulant avoir quelque chose de ce célèbre criminel. »

La fameuse jument gris-pommelé de Mᵐᵉ Laffarge obtenait aux enchères un prix fabuleux.

Quelques jours après l'exécution de Fieschi, auteur principal de l'attentat du 28 juillet 1835, qui avait causé la mort d'un maréchal de France et de plusieurs officiers généraux placés autour du Roi, on voyait gravement assise derrière un comptoir de la place de la Bourse, au milieu de riches draperies, une femme de figure commune, borgne, n'ayant d'autre attrait que l'éclat de la jeunesse; c'était Nina Lassave, la maîtresse de Fieschi, qui avait décidé l'assassin à entrer dans la voie des aveux. Elle était là, le front rayonnant, la lèvre épanouie, aussi joyeuse que fière de l'empressement qui rendait hommage à sa célébrité.

« Par un de ces traits qui servent à caractériser
« une époque, dit Louis Blanc dans son *Histoire*
« *de dix ans*, un spéculateur avait compté pour
« s'enrichir sur l'exposition d'une femme immor-
« talisée par la délation et maîtresse incestueuse
« d'un assassin. Il y en eut même beaucoup à qui
« cela parut tout simple. »

Que dirait Louis Blanc s'il assistait aux étranges apothéoses qui se produisent de nos jours? Les noms sont changés, mais les choses sont les mêmes. Pranzini et Prado valent bien Lacenaire et Peytel; quant à Nina Lassave, n'est-elle pas remplacée avantageusement par Gabrielle Bompart?

Nous avons en France un goût très prononcé pour l'exagération et l'absolu. Les institutions et les idées les meilleures tournent bientôt chez nous à l'excès et à l'abus. C'est ce qui est arrivé notamment pour les choses judiciaires.

Pour mon compte, je comprends autant que personne la curiosité du public pour les débats de la cour d'assises et de la police correctionnelle, mais à la condition que cette curiosité ne dépasse pas les limites imposées par les convenances et le respect dû à la justice. Après tout, le public s'intéresse à ce qui a intéressé l'homme dans tous les temps, c'est-à-dire à ces problèmes qui découvrent sans cesse quelque côté nouveau de la nature humaine. Sous cette curiosité, il y a quelque chose de plus humain qu'on ne croit : c'est l'homme qui pense à l'homme, qui s'inquiète de l'homme et qui veut savoir si Dieu, en mettant des limites à ses vertus, a mis des limites à ses crimes. Comme exercice de l'esprit, y a-t-il rien de plus excitant que la recherche de la vérité, à travers toutes les incertitudes, toutes les contradictions qui entourent les procès criminels?

Ce que je ne puis comprendre, ce que je n'hésite

pas à blâmer de toutes mes forces, c'est l'étrange manière dont s'exerce aujourd'hui la publicité judiciaire ; c'est cette disposition déplorable qui se propage de plus en plus dans notre société à ne voir dans les procès criminels que leur côté romanesque, à travestir les débats, à les dénaturer suivant les passions politiques et l'esprit de parti, à égarer constamment l'opinion publique, à entourer de sympathie et de sollicitude les malfaiteurs de la pire espèce, lorsqu'ils se recommandent par l'audace, la présence d'esprit et l'intelligence.

La publicité judiciaire, dont le principe est d'ailleurs excellent, a engendré depuis une vingtaine d'années les abus les plus révoltants. C'est un véritable dévergondage de la part de la presse, qui entend avoir la direction des informations judiciaires, et de la part du public admis aux audiences. Il me sera facile d'établir, dans la suite de cette étude, que rien n'est plus contraire à l'esprit et aux intentions du législateur que cette prétendue publicité.

Je n'ignore pas que de semblables habitudes ont cherché à s'établir à d'autres époques, mais elles rencontraient dans toute la presse judiciaire, dans une bonne partie de la presse politique et surtout dans la magistrature, les protestations les plus vives.

Ce sujet inspirait à Timon une de ses pages les plus piquantes :

« En quoi, je vous prie, une salle de cour d'as-
« sises diffère-t-elle d'une salle des boulevards?
« N'y donne-t-on pas pour la société des repré-
« sentations très suivies, en fait d'évanouissements
« et d'attaques de nerfs? On y parie, on y joue à
« la hausse et à la baisse sur la vie de l'accusé,
« et on y forme des vœux impies et criminels
« pour son acquittement comme pour son sup-
« plice. On s'y collète absolument comme à la
« porte des théâtres. Afin que l'orchestre soit au
« grand complet, il ne manque plus que les trom-
« bones et les cornets à piston, et je suis étonné
« que les spectateurs impatients ne demandent pas:
« la musique! la musique! Déjà ils deviennent
« de plus en plus exigeants; ils se plaignent, ils
« murmurent de ce que l'accusé baisse les yeux,
« de ce qu'il cache ses angoisses et sa pâleur et
« de ce qu'il présente à ces curieux, à ces bar-
« bares, de profil et non de face, cette tête qui va
« tomber! »

Le mordant écrivain ajoute en parlant des « dames élégamment parées » qui viennent chercher
des émotions à la cour d'assises:

« Les dames occupent les banquettes réservées
« à l'orchestre. Parées, agrafées, coiffées de plu-
« mes et de fleurs, elles viennent se poser pour
« voir ou pour être vues... Des femmes délicates
« et sensuelles, qui s'en allaient chercher aux
« eaux les distractions d'un tempérament blasé
« par le jeu et par l'amour, se détournent de leur
« route pour de tels spectacles. Elles, pour qui le

« printemps n'avait pas d'assez fraîches couleurs,
« ni les roses assez de parfums, les voilà qui as-
« pirent, la narine ouverte, dans cette atmosphère
« empestée, des fumets de cimetière et de mort !
« Les voilà qui, de leur place, en prêtant l'ouïe,
« peuvent entendre cuire et pétiller des entrailles
« humaines sur les braises d'un laboratoire ! Et,
« du même air, du même pas, elles vont à l'église
« remercier Dieu d'avoir permis qu'une éducation
« chaste et pieuse cultivât secrètement dans leur
« cœur les semences des vertus chrétiennes et
« d'avoir répandu sur toute leur personne les
« grâces de la plus douce sensibilité. »

De son côté, le garde des sceaux, M. Martin du
Nord, adressait, au mois de juillet 1844, aux premiers présidents et aux procureurs généraux une
circulaire qui leur prescrivait d'éloigner à l'avenir
des audiences de la cour d'assises « les personnes
étrangères aux habitudes judiciaires, avides d'émotions, qui n'étaient attirées que par le désir de satisfaire leur curiosité. Un pareil abus, ajoutait le
ministre, est non moins contraire à l'intérêt qu'à
la dignité de la justice. S'il existe dans votre ressort, je vous prie de vous entendre avec MM. les présidents d'assises pour le faire cesser immédiatement. »

La plupart des journaux applaudirent à cette
mesure, qui condamnait la curiosité publique à
veiller sur elle-même et à être désormais digne et
sérieuse. « On saura maintenant, disait un des
journaux les plus répandus, en venant à la cour

d'assises, que ce n'est pas d'une fiction qu'il s'agit, mais d'une réalité ; que les crimes qu'on y juge sont des crimes véritables, non des crimes arrangés pour le plaisir des yeux, et qu'un spectacle tel que celui-là, à la différence des autres spectacles, recommande le recueillement, le respect et le silence. »

Les mœurs publiques ne sont guères changées, comme on le voit, et le tableau si vigoureusement tracé, il y a un demi-siècle, par l'auteur du *Livre des Orateurs*, pourrait s'appliquer parfaitement au temps présent. Il y a seulement cette différence, qu'aujourd'hui tout le monde se tait, la presse comme la magistrature, tandis que le mal était dénoncé autrefois de toutes parts avec autant d'insistance que d'énergie.

En ce qui me concerne, je puis me rendre ce témoignage d'avoir, à toutes les époques, combattu de toutes mes forces les abus que je signale aujourd'hui. J'ai toujours vu, dans ces tendances des mœurs publiques, un symptôme alarmant contre lequel il était du devoir de tous les honnêtes gens, et en particulier des magistrats, de réagir sévèrement.

Ce n'est donc pas, ai-je besoin de le dire, une pensée de dénigrement vis-à-vis du pouvoir établi ou de la nouvelle magistrature qui a inspiré les observations contenues dans cet écrit. Cette grande magistrature française, à laquelle je m'honore d'avoir appartenu pendant quarante ans, a droit à tout mon respect, et c'est avec une profonde tristesse que j'assiste depuis plusieurs années au conflit qui paraît vouloir s'établir entre elle et une partie de la société actuelle. S'il m'était permis, dans mon humble sphère, de donner à mes anciens collègues un conseil désintéressé, je leur dirais que c'est seulement en veillant beaucoup sur eux-mêmes, en se tenant éloignés des partis, en se consacrant exclusivement à l'œuvre de la justice ; en un mot, que c'est par la modération, la loyauté, l'indépendance, la fermeté de la conscience et l'inflexible vigueur du caractère, bien plutôt que par l'habileté et la science, qu'ils parviendront à rentrer en possession de la popularité, de la considération et du prestige qui entouraient l'ancienne magistrature.

Ce conseil sera-t-il écouté ? je l'ignore. Dans tous les cas, j'aurai la satisfaction d'avoir exprimé librement et sincèrement ma pensée et d'avoir soulagé ma conscience.

PREMIÈRE PARTIE.

LÉGISLATION ET MAGISTRATURE ANCIENNES COMPARÉES A LA LÉGISLATION ET A LA MAGISTRATURE ACTUELLES.

PREMIÈRE PARTIE.

LÉGISLATION ET MAGISTRATURE ANCIENNES
COMPARÉES A LA LÉGISLATION
ET A LA MAGISTRATURE ACTUELLES.

Avant tout, je tiens à m'expliquer sur les reproches adressés par un certain nombre de publicistes à notre législation criminelle.

A les entendre, cette législation serait la plus arbitraire, la plus tortueuse, la plus vexatoire de toutes les législations anciennes et modernes. Son moindre défaut serait de convertir le pouvoir judiciaire en un corps oppressif, de méconnaître les lois les plus essentielles de la liberté, d'étouffer la dignité morale de l'homme, de protéger l'absolutisme plus encore que les citoyens.

On ne saurait protester trop énergiquement contre des accusations aussi injustes, aussi mal fondées.

2

Ce qu'il y a de certain, c'est que la législation criminelle qui nous régit est une des plus humaines, des plus libérales de toutes les législations comtemporaines, et qu'aucune n'a marché plus résolument, depuis le siècle dernier, dans la voie du progrès.

Je suis heureux de me trouver d'accord sur ce point avec l'un des plus éminents criminalistes de notre époque, dont l'esprit large et libéral n'a jamais été contesté par personne.

« Même avec ses défauts et ses lacunes, dit M. « Faustin Hélie, notre loi criminelle mérite plus « d'éloges encore que de critiques. Elle a consacré, « en définitive, tous les grands principes... Elle a « cherché à étendre une protection égale sur les « deux intérêts que toute poursuite met en lutte : « l'intérêt de la société et celui de l'accusé. Enfin, « elle a suffi depuis bien des années à l'expédition « des affaires criminelles, et si quelques-uns de « ses dispositions, principalement relatives à la « police, ont suscité parfois de justes réclamations, « nulle voix sérieuse ne s'est élevée pour accuser « sa théorie générale et les formes principales de « la procédure qu'elle a consacrées. »

On oublie trop facilement en France les origines de notre législation criminelle, ainsi que ses variations successives depuis les ordonnances de 1539 et de 1670 jusqu'à 1789. Si la Révolution française a laissé quelque part des traces de sa libérale empreinte, n'est-ce pas dans la réorganisation des corps judiciaires, dans la suppression des vieilles coutumes et des vieilles procédures, dans les garanties données à la liberté individuelle, dans l'institution du jury, dans la publicité des débats, dans la libre défense des accusés ?

Je comprends parfaitement les vives attaques dirigées par les philosophes du XVIII° siècle contre la législation criminelle antérieure à 1789. Telle qu'elle était organisée à cette époque, cette législation justifiait toutes les colères, toutes les méfiances dont elle était l'objet. C'était de toute la législation française la branche la plus imparfaite, celle dont les vices avaient été le plus fréquemment signalés par les publicistes et les philanthropes du temps. Bon nombre de magistrats avaient exprimé la même opinion, comme le prouve l'éloquente mercuriale de l'avocat général Servant, en 1766, devant le Parlement de Grenoble.

Instruction secrète, défense nulle, peines inégales, arbitraires, atroces ; telle était, en deux mots, cette législation dont les cahiers des trois ordres avaient été unanimes à solliciter la réformation.

Le législateur ancien, s'inspirant avant tout des intérêts de la vindicte publique, avait voulu que les peines fussent principalement des instruments d'intimidation et de terreur. Un tel principe, poussé jusqu'à l'exagération, devait nécessairement entraîner dans l'application des conséquences monstrueuses, et c'est un des points sur lesquels se porta tout d'abord l'attention de l'Assemblée nationale. Elle comprit parfaitement que la loi pénale doit suivre, comme tout le reste, la marche des sociétés humaines et recevoir l'empreinte des nouvelles mœurs, des nouveaux besoins, des nouvelles idées. L'histoire du droit pénal se confond, sous ce rapport, avec l'histoire de la civilisation elle-même.

Si l'ancienne loi criminelle était, avant la Révolution, l'objet d'ardentes récriminations, les magistrats chargés de l'appliquer n'étaient, de leur côté, guère mieux traités par les écrivains du XVIIIᵉ siècle. Les Parlements avaient sans doute donné, en plusieurs circonstances, dans leurs luttes avec le pouvoir absolu, des preuves de courage et d'indépendance, mais certains de leurs arrêts avaient aussi soulevé plus d'une fois, et à juste titre, la conscience publique. Pouvoir tout à la fois politique, administratif, judiciaire et même religieux, cette magistrature avait fini par devenir vis-à-vis de la royauté une puissance rivale. De là ces habitudes d'esprit étroites et orgueilleuses qui avaient excité dans les masses tant de mécontentements et de rancunes. C'était une caste à part, vivant au milieu de la société, mais avec des mœurs et des instincts qui lui étaient propres. On sentait, à voir ces fiers parlementaires sur leur siège, des hommes appartenant à un monde à part, maîtres de leur destinée, n'ayant rien à attendre de personne et ne demandant aux autres hommes que leur soumission et leur respect. De tels magistrats, habitués à voir de si haut les misères humaines, ne pouvaient guère avoir une justice douce et miséricordieuse ; on leur reprochait non seulement de manquer de sensibilité et d'indulgence, mais d'être durs et impitoyables vis-à-vis dés malheureux sur le sort desquels ils avaient à statuer.

C'est pour remédier à tous ces abus que l'Assemblée constituante s'empressa de réorganiser sur de nouvelles bases le pouvoir judiciaire. Elle supprima la législation criminelle en établissant le jury; elle supprima les Parlements en abolissant la vénalité dès charges.

« Le vœu de la France s'est fait entendre, disait
« Thouret, à la séance du 24 mars 1790; la réforme
« de la justice et des tribunaux est un des pre-
« miers besoins. Il ne faut pas que des corps ou
« des particuliers possèdent *patrimonialement*, à
« l'tre d'hérédité ou d'achat, le pouvoir de juger
« leurs concitoyens..... Le Comité vous propose de
« consacrer comme maximes inaltérables : 1° que
« la justice ne peut être rendue qu'au nom du roi;
« 2° que les juges doivent être élus par les justicia-
« bles et institués par le roi; 3° qu'aucun office de
« judicature ne peut être vénal et que la justice
« sera rendue gratuitement. »

Ces propositions furent adoptées, on le sait, à une immense majorité.

On a reproché quelquefois à l'Assemblée constituante d'avoir rompu aussi complètement la chaîne des traditions, d'avoir voulu tout détruire pour se donner la satisfaction de tout réédifier. On s'est demandé si, tout en introduisant, par exemple, dans l'ordre judiciaire les réformes nécessaires depuis longtemps attendues, elle n'aurait pas mieux assuré le succès de ces grandes améliorations en respectant davantage les conquêtes du passé.

Quelle que soit l'opinion qu'on puisse se faire sur ce point, il n'en est pas moins certain que les conditions dans lesquelles se trouve la société actuelle n'ont rien de commun avec celles de la société qui a précédé la Révolution, et que rien ne ressemble moins à l'ancienne législation criminelle et à l'ancienne magistrature que la législation criminelle et la magistrature d'aujourd'hui.

La vindicte publique a fait son temps, ou plutôt elle n'est plus qu'une expression vide de sens ; la société ne se venge plus, elle se défend. On ne tenaille plus, on ne roue plus, on ne coupe plus la langue ou le poignet, on ne verse plus du plomb fondu dans les plaies, on ne fait plus mourir à petit feu, on ne martyrise plus un accusé pour lui arracher l'aveu de son crime, on n'expose plus les condamnés sur la place publique, on ne les marque plus d'un fer rouge, on ne les promène plus la chaîne au cou d'un bout de la France à l'autre; en un mot, tous les anciens raffinements de la répression ont disparu de nos codes et sont abandonnés aux peuplades sauvages de l'Afrique. La peine de mort elle-même, autrefois si prodiguée, n'a été maintenue que pour des cas assez rares, et si la société l'applique encore quelquefois, c'est que son intérêt a dû parler plus haut que toutes les protestations des philanthropes.

Nos magistrats n'ont rien, de leur côté, qui rappelle l'ancien « sacerdoce judiciaire » (*justitiæ sacerdotes*), et si quelque chose peut encore leur être reproché, ce n'est certes pas un excès de fierté et de puritanisme. Vivant au milieu des masses, ils sont en situation d'en comprendre plus facilement les intérêts et les besoins. Toute idée de privilège et d'importance politique doit avoir disparu de leurs rangs. Ils sont restés tout simplement des magistrats, c'est-à-dire des fonctionnaires uniquement chargés de statuer sur la fortune, la liberté et l'honneur de leurs concitoyens. Leur rôle ainsi réduit est encore assez beau, car il exige, pour être bien rempli, non seulement beaucoup de lumières, mais beaucoup de modération, de désintéressement et d'indépendance. Qu'on ne nous parle donc plus des anciens Parlements et de leur esprit envahissant et tracassier. Il ne saurait être sérieusement question aujourd'hui d'imposer à une société comme la nôtre, qui n'aspire à d'autre distinction que le travail et l'intelligence, une nouvelle aristocratie qui ne se recommanderait ni par la naissance, ni par la fortune, ni peut-être par la vertu.

Pour en revenir à notre législation criminelle, mon opinion est que, telle qu'elle est actuellement, et avec les transformations successives qu'elle a subies depuis 1769, elle mérite, comme l'a dit M. Faustin Hélie, beaucoup plus d'éloges que de critiques et qu'elle n'a rien à envier aux législations étrangères, même à celle de l'Angleterre, dont on vante si haut la supériorité.

Personne n'ignore, en effet, que la procédure cri-

minelle n'est réglée chez nos voisins par aucun
texte de loi, que tout y est subordonné à une sorte
de jurisprudence et à des usages qui varient d'une
région à l'autre; qu'on y voit dominer des idées
surannées auxquelles le juge reste fidèlement attaché. Plusieurs institutions traditionnelles, forte-
ment enracinées et qui n'ont qu'une raison d'être
historique, trouvent dans leur passé leur seule justification. Aussi, la procédure criminelle présente-
t-elle, dans les tribunaux anglais, les plus grandes
divergences; le juge-président y jouit d'un pouvoir
à peu près illimité pour la direction des débats.

Il me serait facile d'établir par des citations em-
pruntées aux criminalistes anglais eux-mêmes que
la législation criminelle de l'Angleterre, bien loin
d'être supérieure à la nôtre, lui est inférieure sur
une foule de points, même en ce qui concerne les
garanties de la liberté individuelle. Mais une telle
étude me conduirait trop loin et dépasserait les
limites que je me suis imposées. Je renonce avec
d'autant moins de regret à cet examen comparatif
qu'il a été fait déjà plusieurs fois d'une façon décisive par les hommes les plus compétents. Il a été
démontré, notamment, qu'un grand nombre de dispositions, qui n'ont jamais soulevé en Angleterre
d'objections sérieuses, seraient d'une application
absolument impossible en France, où elles seraient
considérées non seulement comme antipathiques
au caractère et aux mœurs de la nation, mais
comme essentiellement attentatoires à l'équité, au
sens moral et à la dignité humaine.

Ce qu'on ne saurait raisonnablement contester, c'est que l'Angleterre est douée d'une légalité vivante que les hommes représentent bien plutôt que les codes ; c'est que, dans ce pays, les lois sont constamment réformées par les mœurs ; qu'on y trouve profondément enracinés dans toutes les classes un grand respect, un attachement sincère pour les institutions nationales. Les théories les plus subversives viennent échouer contre la base immuable de cette puissante organisation. La société n'étant que rarement attaquée en Angleterre, la procédure criminelle semble y avoir été instituée bien plus dans l'intérêt de l'accusé que dans celui de la société.

En France, au contraire, tout le monde se croit en droit d'attaquer la société, même ceux qui ont la prétention de la défendre et de travailler à son amélioration. Le juge, chargé d'appliquer la loi et qui a le sentiment de ce danger, est obligé de tenir un compte sérieux de cette situation, et cette préoccupation constante influe nécessairement sur ses décisions.

Nous avons peine à comprendre en France ce respect des vieilles formes et des vieilles lois. La passion du changement est chez nous une vieille et incurable maladie dont nous pourrons difficilement nous débarrasser. Si nous l'osions, nous déposerions notre bilan à chaque quart de siècle, sauf à recommencer bientôt après, comme ces commerçants indélicats qui spéculent constamment sur les éventualités d'une faillite nouvelle. La vertu qui nous manque, c'est la patience. Nous aimons à dé-

truire uniquement pour avoir le plaisir de rebâtir.
Nous ne savons pas tirer parti des vieilles lois, les
raccommoder, les ajuster à nos besoins, à l'exemple
de nos voisins qui adorent cette rouille du passé
dont nos regards se blessent. Nous oublions trop
qu'au lieu de changer précipitamment la loi, c'est
plutôt à une interprétation sage et intelligente qu'il
faudrait demander le moyen de la corriger. Quelque défectueuse que soit une institution, la bonne
conduite des hommes suffit presque toujours pour
y porter remède. L'histoire a plus d'un exemple de
législations vicieuses dont l'habileté des magistrats
chargés de les appliquer ont prévenu les mauvais
effets. C'est dans ce sens qu'on a écrit avec raison
qu'un gouvernement peut plutôt se passer de bonnes
lois que de bons magistrats.

On ne saurait trop le répéter, surtout au temps où
nous vivons : c'est surtout à la possession que les
lois empruntent leur autorité. Voilà pourquoi la
sagesse des Anciens les comparait à ces rivières
bienfaisantes qui, faibles à leur source, se fortifient
insensiblement dans leur cours et répandent plus
loin l'abondance et la fertilité.

Ce n'est pas que je veuille prétendre que la législation criminelle actuelle soit la perfection idéale et
qu'il ne reste plus rien à faire pour son amélioration.
La stabilité n'est pas l'immobilité, et il n'appartient
à personne de s'inscrire en faux contre les progrès
de la raison publique. Je compte démontrer moi-
même, dans le cours de cette étude, qu'il existe

encore dans cette partie de notre législation d'importantes lacunes à combler. Mais les principes généraux de la loi, ses éléments essentiels doivent être religieusement conservés, parce qu'ils donnent satisfaction tout à la fois aux intérêts de la société et à ceux des accusés. Ces améliorations de détail auront d'autant plus de solidité qu'elles seront le résultat de la marche lente et progressive des idées. Ce n'est point par de brusques suppressions et des changements inconsidérés, mais en ménageant les anciennes coutumes et les vieilles traditions, qu'on parvient à maintenir dans le peuple le respect des institutions qui le régissent.

Une fois ces réserves faites, je me sens plus à l'aise pour aborder les diverses questions qui font l'objet de cette étude.

La première qui se présente est celle de savoir quel est exactement l'état actuel de la criminalité en France. Grave question qui a donné lieu à de vives controverses et qui mérite d'être examinée avec un soin particulier.

DEUXIÈME PARTIE.

ÉTAT DE LA CRIMINALITÉ EN FRANCE.

DEUXIÈME PARTIE.

ÉTAT DE LA CRIMINALITÉ EN FRANCE.

Chaque année il paraît au *Journal Officiel* un document qui peut être considéré comme l'un des monuments les plus curieux et les plus complets de l'histoire de nos mœurs. C'est le compte rendu de l'administration de la justice criminelle en France, présenté par le garde des sceaux au chef de l'Etat.

Cette statistique criminelle a un double objet : « Fournir au moraliste de précieux matériaux « d'étude et donner au pouvoir central les moyens « de vérifier si des défaillances et des abus « ne se sont pas manifestés dans l'administration « de la justice. Elle est donc tout à la fois scienti- « fique et pratique ».

Ce vaste mémoire, ce bilan moral de notre société doit être rangé parmi ces « livres du chevet » dont parle Plutarque, que le moraliste, l'historien et

l'homme d'Etat, doivent avoir toujours à leur portée.
Il y a là, en effet, de graves enseignements à retenir,
et il est à regretter que nos aïeux ne nous aient
pas laissé de semblables moyens d'information qui
nous permettraient de comparer plus exactement
leur moralité à la nôtre.

Indépendamment du compte rendu annuel, il parait, tous les cinq ans, dans le même journal, un
compte rendu comparatif des cinq dernières années;
ce qui « offre l'avantage, en éliminant l'influence
des causes accidentelles qui se produisent nécessairement d'une année à l'autre, de présenter des
moyennes qui se rapprochent beaucoup plus de la
vérité absolue. »

C'est au mois de mai 1887 que le *Journal Officiel*
a publié le dernier compte rendu quinquennal,
comprenant la période de 1881 à 1885, comparée à
la période précédente, celle de 1876 à 1881. C'est
dans ce rapport que j'ai puisé les chiffres formant
les éléments de ce travail.

Si l'on s'en tenait purement et simplement à
l'ensemble des chiffres relevés dans le rapport du
ministre, on devrait conclure avec lui que « la
grande criminalité, au lieu d'avoir augmenté en
France dans les dix dernières années, c'est-à-dire
de 1876 à 1885, *tend plutôt à décroître* ». Le rapport
établit, en effet, que le nombre moyen annuel des
affaires criminelles déférées au jury, qui avait été de
3446 dans la première période, est descendu dans
la période suivante à 3342.

Avec la meilleure volonté du monde, il m'est

impossible de partager l'optimisme de l'auteur du compte-rendu.

D'une part, la diminution apparente des crimes soumis au jury, surtout des crimes contre la propriété, tient en partie à cette circonstance, constatée par le compte-rendu lui-même, que les magistrats chargés des poursuites se montrent de plus en plus enclins à dépouiller les faits criminels des circonstances aggravantes qui les accompagnent, pour les réduire à de simples délits correctionnels. Cette explication est d'autant plus plausible que la diminution porte principalement sur les accusations de vols qualifiés, et que les préventions de vols simples, de leur côté, ont augmenté dans de notables proportions.

D'autre part, il ne suffit pas, pour apprécier la situation morale du pays, de savoir si le nombre des *crimes* proprement dits, a augmenté ou diminué. Il faut aussi tenir compte des faits, sans comparaison bien plus nombreux, qu'on désigne sous le nom de *délits communs* et dont quelques-uns supposent tout autant de perversité et d'immoralité que certains crimes. Qui oserait soutenir, par exemple, que la criminalité générale serait en décroissance si, à la place d'un viol, on se trouvait en présence de dix attentats à la pudeur, ou de dix vols ordinaires, à la place d'un vol qualifié? Or, il résulte du dernier compte rendu que le nombre moyen des affaires correctionnelles, qui avait été dans, la période quinquennale de 1876 à 1881, de 167.229, s'est élevé dans la seconde à 180.806, et que le nombre moyen annuel des prévenus s'est élevé, d'une période à l'autre, de 196,482 à 212,839. Et M. le garde des sceaux ajoute que « cette augmentation a porté sur les délits les plus graves au point de vue de l'ordre public. »

L'honorable M. Bérenger constatait, de son côté, à la tribune du Sénat, le 27 janvier 1888, sans être démenti par le ministre de la justice, auquel il adressait une interpellation, que depuis cinquante ans le nombre des condamnés à l'emprisonnement pour délits de droit commun avait « plus que triplé », puisque de 41,000, chiffre constaté pour la période de 1838 à 1840, il s'était élevé en 1885 à 127,000.

Il résulte de ce qui précède :

1° Que le nombre des condamnés à l'emprisonnement pour délits correctionnels a plus que triplé depuis cinquante ans ;

2° Que si le nombre des crimes a diminué d'une centaine dans la période quinquennale de 1881 à 1885, le nombre des délits a augmenté de 19,577.

Donc, en admettant que la « grande criminalité » soit en légère décroissance, on ne saurait en conclure que cette décroissance existe en ce qui concerne la « criminalité générale. »

Mais alors même qu'il serait établi qu'au lieu de progresser, la criminalité soit restée à peu près *stationnaire*, faut-il vraiment se féliciter d'un tel résultat ? Nous entendons dire depuis un demi-siècle que la civilisation fait chaque jour d'immenses progrès ; que la plupart des crimes d'autrefois n'avaient d'autre cause que l'ignorance et la misère ; qu'il suffira à l'avenir de faciliter et de propager l'instruction populaire pour assurer le bien-être et la moralité des jeunes générations ; que l'école aura pour effet de réformer les plus mauvais penchants et les plus mauvaises natures. Nous avons cru à ces belles paroles et nous n'avons reculé devant aucun sacrifice pour atteindre le but indiqué. Les lois ont succédé aux lois, les programmes aux programmes, les millions aux millions. Non seulement nous avons multiplié les écoles et toutes les institutions pédagogiques, mais nous avons apporté à nos lois criminelles de profondes modifications. Nous avons supprimé nos bagnes, regardés avec raison comme des foyers de corruption, et nous les avons remplacés, d'abord par la transportation, puis par la relégation : ce qui devait nous permettre de rejeter définitivement loin de la mère-patrie les malfaiteurs réputés les plus dangereux. En un mot, il n'est pas de sacrifices que le pays ne se soit imposés, pas de système qu'il n'ait essayé, pas d'étude qu'il n'ait entreprise dans le but d'arrêter les progrès de cette plaie hideuse de la criminalité. Inutiles efforts ! On commence à s'apercevoir aujourd'hui qu'il n'est pas aussi facile qu'on le croyait de faire du neuf en certaines matières, et qu'il ne suffit pas de savoir lire, écrire et calculer pour être à l'abri des faiblesses des anciens temps.

Ce que le rédacteur du compte rendu officiel de 1887 sait d'ailleurs parfaitement, c'est qu'une question de cette nature ne se décide pas seulement par des chiffres matériels et qu'il existe d'autres éléments d'appréciation bien plus sérieux aux yeux du moraliste.

En admettant que le nombre des affaires criminelles ait diminué de quelques unités, n'y a-t-il pas progression pour les crimes les plus graves, notamment pour ceux que la loi punit de la peine de mort ou des travaux forcés à perpétuité ?

N'y a-t-il pas eu dans un grand nombre de ces crimes un caractère exceptionnel, indiquant de la part des malfaiteurs un redoublement de perversité et d'audace ?

Enfin, le nombre déjà si élevé des récidives, constaté dans les périodes précédentes, ne s'est-il pas encore accru dans les proportions les plus inquiétantes ?

Voilà tout autant de points que le rapport n'a pas cru de voir aborder et qu'il importe cependant d'éclaircir.

L'augmentation des crimes les plus graves est un fait matériel qu'il serait impossible de nier, car il est reconnu par le rapporteur lui-même.

D'après le dernier compte rendu quinquennal, le nombre moyen annuel des assassinats s'est élevé, entre les deux périodes, de 197 à 216, celui des meurtres de 143 à 186, et celui des blessures graves de 18 à 27. Le parricide, en particulier, ce crime exécrable entre tous, qui était annuellement en moyenne, dans la précédente période, de 10, s'est élevé dans la dernière à 14 ; ce qui donne pour les cinq dernières années une augmentation de 20 parricides ; 70 au lieu de 50.

Quant à l'audace et à la perversité toujours croissantes des malfaiteurs, qui oserait les nier ? Il suffit d'ouvrir le premier journal venu pour y trouver chaque matin le récit de quelque nouveau crime, accompagné des circonstances les plus atroces : *horrible parricide, — horrible fratricide — double assassinat — triple assassinat — meurtre en chemin de fer — attaques nocturnes — drames de famille — scènes de ménage, etc...*

On sait en quoi consistent ces « attaques nocturnes » qui viennent ensanglanter à tout instant les rues de Paris et dont les journaux nous donnent tous les jours les détails. A côté des mendiants de jour il existe dans la ville-lumière, réputée la capitale de la civilisation et des beaux-arts, une nuée de mendiants de nuit, qui la transforment en un affreux coupe-gorge où la vie humaine est à qui veut la prendre, où règnent en souverains les souteneurs, les cambrioleurs, les rôdeurs de barrière et les filles de joie. Ces honnêtes industriels ne se contentent même plus de la nuit ; toutes les heures du jour leur sont bonnes pour attenter à la vie et à la propriété d'autrui, avec accompagnement du couteau et du revolver. Les journaux ne racontaient-ils pas, il y a peu de temps, qu'un cocher de fiacre, rentrant chez lui, *vers six heures du matin*, avait été assailli par une bande de jeunes gens dont quelques-uns le perçaient de coups de couteau et lui volaient son argent, tandis que d'autres s'emparaient du cheval et de la voiture et disparaissaient à fond de train ?

Nous savons aussi que ces « drames de famille et ces scènes de ménage », auxquels font allusion les journaux, ne sont souvent autre chose que d'abominables crimes accompagnés des plus horribles circonstances. C'est, par exemple, un mari qui, rentrant chez lui à une heure indue et en état d'ivresse, et fatigué des reproches de sa femme, lui ouvre le ventre à coups de couteau, ou lui scie le cou avec son rasoir ! C'est un père de famille qui, ayant eu l'imprudence d'abandonner son bien à ses enfants, se voit relégué sous un hangar où on lui facilite tous les moyens de mourir plus vite ; c'est un beau-père qui, à la suite d'une discussion avec son gendre, assène à ce dernier un coup de hache qui sépare la tête du tronc ; c'est un jeune cultivateur qui assomme ses deux sœurs à coups de pioche pour avoir une meilleure part de l'héritage paternel.

En un mot, il ne se passe pas un seul jour sans que les journaux ne nous annoncent quelque grand crime, assaisonné de détails effrayants. Tout cela ne prouve pas assurément que les mœurs se soient adoucies et que nous nous trouvions dans une période de décroissance de la criminalité.

Mais ce qu'il y a peut-être de plus navrant et de plus douloureux, c'est que bon nombre de ces

crimes audacieux sont, à Paris surtout, l'œuvre de
jeunes adolescents de 15 à 18 ans, enfants perdus
du boulevard extérieur, déserteurs du logis paternel,
ou chassés de ce logis parce qu'ils y tenaient trop
de place.

D'après un savant magistrat appartenant au
tribunal de la Seine, qui s'est livré à une étude
approfondie sur cette question, les crimes commis
par ces précoces malfaiteurs ont augmenté depuis
quelques années dans d'énormes proportions. Et
M. le juge d'instruction Guillot ajoute que ces jeunes
gens « apportent habituellement dans leurs actes
une exagération de férocité, une recherche de lubri-
cité, une forfanterie de vice qu'on ne retrouve pas
au même degré à un âge plus avancé » (1).

C'est parmi eux que se recrutent ces bandes de
souteneurs, cambrioleurs et autres dont il a été
déjà question et qui font de « Paris la nuit » un immense repaire de voleurs et d'assassins. Les débats
de quelques affaires soumises en dernier lieu à la
cour d'assises de la Seine nous ont révélé que ces
bandes avaient quelquefois à leur tête des gamins
de quatorze à quinze ans, armés jusqu'aux dents et
décidés à braver toutes les résistances.

Il n'est guère d'affaire criminelle dans laquelle on
ne trouve aujourd'hui, même parmi les auteurs
principaux, un de ces jeunes bandits.

Au mois de décembre dernier, un jeune homme
de vingt ans était exécuté à Paris, par suite d'un

____

(1) *Paris qui souffre.*

arrêt de la cour d'assises de la Seine qui le condamnait à mort pour un double assassinat, dont un remontait à six ans, c'est-à-dire à une époque où l'accusé venait à peine d'atteindre sa quatorzième année.

Dans le courant du même mois, la même cour d'assises condamnait à la réclusion un individu de seize ans, qui avait tenté d'assassiner, avec l'aide de deux complices un peu plus âgés, une pauvre débitante qui leur servait un litre de vin.

Quelques jours après, c'était le tour de trois autres accusés, l'un âgé de vingt-un ans, les deux autres de dix-sept, qui égorgeaient en plein jour, dans une des rues les plus fréquentées de Paris, une vieille concierge de soixante et quinze ans, à laquelle ils enlevaient quelques bijoux sans valeur qu'ils revendaient à vil prix. Deux de ces individus, Jeantroux et Ribot, ont été condamnés à mort et exécutés. La mère d'un de ces jeunes scélérats s'écriait, au moment où la police venait l'arrêter : « Oh ! tant mieux ! délivrez-moi de ce monstre ; il me roue de coups et me martyrise tous les jours ! »

Il s'est produit en dernier lieu un fait qui donnera à réfléchir à ces précoces malfaiteurs.

Il y a quelques mois, la cour d'assises de la Seine condamnait aux travaux forcés à perpétuité un jeune homme de dix-sept ans, qui avait assassiné une vieille femme dont il avait reçu plusieurs fois des secours et des témoignages d'affection. L'arrêt ayant été cassé pour vices de forme par la cour de cassation, l'affaire a été renvoyée devant le jury de

Versailles qui a condamné ce même accusé à la peine de mort.

Plusieurs journaux faisaient remarquer à cette occasion que si ces actes de fermeté se reproduisaient plus souvent, Paris aurait bientôt repris son ancienne tranquillité.

Il est bon de remarquer que, grâce à la contagion du mauvais exemple, cette démoralisation s'étend de plus en plus chaque jour jusque dans la province.

L'année dernière, deux jeunes filles de dix-huit ans étaient traduites, à quelques jours d'intervalle, l'une devant la cour d'assises du Tarn, l'autre devant la cour d'assises de la Loire, sous l'inculpation de crimes épouvantables. La première, trouvant que son grand-père, vieillard de quatre-vingts ans, était devenu une charge trop lourde pour la famille, avait voulu s'en débarrasser en le précipitant dans un vivier. L'autre avait fait voler en éclats, d'un coup de marteau, le crâne de sa vieille grand'mère qui lui refusait de l'argent. Et, chose bien triste à dire, ces deux aimables créatures trouvaient grâce devant le jury, qui les renvoyait purement et simplement à leurs travaux agricoles.

Je voudrais me tromper, mais je trouve dans l'ensemble de ces faits un symptôme effrayant dont il me semble que les pouvoirs publics et les esprits honnêtes ne se préoccupent pas assez sérieusement. Toutes les époques ont été sans doute marquées par de grands crimes, mais je ne crois pas que des faits de cette nature se soient produits en aucun temps. On a beau entasser sophismes sur sophismes, il n'en restera pas moins évident qu'une partie de la jeune génération est corrompue jusqu'à la moelle, que le mal grandit chaque jour et qu'on n'a eu recours jusqu'ici à aucun moyen efficace pour l'arrêter. Quoi qu'on en puisse dire, c'est là certainement une des plus grandes menaces des temps présents.

En dehors de cette grave question touchant à la criminalité des enfants, il en est une autre qui ne cesse de préoccuper les criminalistes et les hommes d'État depuis un grand nombre d'années et à laquelle on n'a trouvé encore aucune solution. Je vœux parler de l'effrayante progression qui se fait remarquer d'une période à l'autre dans le nombre des récidives.

On peut se rendre compte de cette progression par le tableau suivant que j'emprunte aux documents officiels :

Période de	1851	à 1855	32.618
—	1856	à 1860	40.332
—	1861	à 1865	48.890
—	1866	à 1870	58.075
—	1871	à 1875	60.814
—	1876	à 1881	70.731
—	1881	à 1885	85.395

En s'expliquant a ce sujet dans le compte rendu de 1884, M. le garde des sceaux s'exprimait ainsi :

« L'inefficacité de la peine, au triple point de vue
« de la correction, de l'intimidation et de l'amen-
« dement, ressort davantage des indications de la

« statistique. Le flot de la récidive monte toujours.
« 89,164, tel est le chiffre des accusés et prévenus
« qui, après avoir été déjà frappés par la justice,
« ont été condamnés de nouveau cette année par
« les cours d'assises ou les tribunaux correction-
« nels. C'est en quatre années une augmentation
« de 23 %, lorsque celle des accusés ou prévenus
« condamnés pour la première fois n'est que de
« 4 %. L'honorable rapporteur de la loi du 5 juin
« 1875 avait donc bien raison de dire que *c'est la*
« *récidive qui fait l'accroissement de la criminalité.*»

Oui, le rapporteur de la loi de 1875 avait mille
fois raison en déclarant que la récidive était « la
cause première de l'accroissement de la criminalité. » On se demande seulement comment il se fait
que, la cause du mal une fois reconnue, les pouvoirs
publics n'aient jamais proposé que des palliatifs
impuissants pour arrêter ses progrès. J'aurai à
revenir sur cette question dans le cours de cette
étude. Qu'il me suffise pour le moment de constater
que, de 1855 à 1884, le chiffre des récidives s'est
élevé, en chiffres ronds, de 32,000 à 85,000. c'est-à-
dire que, dans l'espace de trente années, ce nombre
a presque *triplé*.

Un autre fait à retenir, c'est le peu de compte
tenu par la plupart des condamnés de l'indulgence dont ils avaient été une première fois l'objet,
soit de la part du jury, soit de la part des magistrats. Parmi eux, beaucoup comparaissent devant
la justice deux, trois, quatre et cinq fois dans le

oourant de la même année ; quelques-uns ont subi
jusqu'à *trente condamnations.*

Ce qui augmente le danger, c'est la façon dont
sont organisées ces hordes de malfaiteurs qui ont
appris dans les prisons comment on se venge d'une
société assez aveugle pour fournir elle-même à
ceux qu'elle frappe les armes qui doivent tourner
contre elle.

Il ne faut pas croire, en effet, que ces hommes
soient des voleurs ou des assassins de hasard. Tous
ou presque tous ont déjà passé plusieurs fois entre
les mains de la justice, et c'est dans les prisons
qu'ils se sont connus et concertés. La police des
grandes villes, celle de Paris surtout, connaît per-
sonnellement la plupart d'entre eux. Elle les sur-
veille, sait leurs allées et leurs venues et va les prendre dans leurs repaires quand elle juge le moment favorable. Ce qui a fait dire à un homme d'esprit que
la police gardait et entretenait les malfaiteurs
dans Paris, comme les chasseurs gardent et entre-
tiennent des lapins dans une garenne, les prenant
de temps à autre par façon d'essai et comme pour
s'entretenir la main, et les relâchant ensuite jusqu'à ce qu'ils soient préparés juste à point pour
tel ou tel article du code pénal.

Pour la plupart de ces malfaiteurs, le vol et l'assassinat ne sont que des actes de spéculation et de
commerce. C'est à Paris que se trouve le siège principal de la société, mais de nombreuses succur-
sales sont établies en province, desservies par des

libérés chargés, à mesure que les rangs s'éclaircis-
sent, de recruter de nouveaux adhérents parmi les
condamnés qui sortent des maisons centrales.
Une fois les coups de main exécutés, les chefs
vont se reposer à la campagne, où ils peuvent plus
facilement distraire leur loisir par le jeu, la table,
et les femmes.

Les assassins se divisent naturellement en plusieurs catégories. Il y a ceux qui préparent le crime,
ceux qui l'exécutent et ceux qui en recèlent les
produits.

On voit par là combien tout a changé parmi
nous, même le crime ! Ces joyeux et insouciants co-
quins d'autrefois reconnaîtraient-ils leurs héritiers
dans ces hommes remplis d'ordre et de prévoyance
qui, de nos jours, appliquent au crime le principe
de l'association et qui en viendront sans doute à tenir en partie double le vol, l'escroquerie, le recel
et l'assassinat !

Pour mon compte, je ne vois rien de plus redoutable que ce spectacle d'hommes pervers, ayant
perdu tout sentiment de moralité et de justice et
cherchant à singer la société, tout en l'attaquant
avec violence. Le crime n'a plus rien aujourd'hui
qui l'excuse, parce que c'est le crime positif et cal-
culateur. Pour ces réprouvés, le vol et le meurtre
ne sont plus que des affaires comme les autres, se
pesant, se discutant à l'égal des affaires de bourse
et de banque.

Un éminent criminaliste, M. Bérenger, conseiller

à la Cour de cassation et membre de l'Institut, avait fait le dénombrement de la population des prisons et avait trouvé qu'ils étaient plus de 100,000, conspirant en permanence et absorbant au préjudice des honnêtes gens, en frais de surveillance et autres, une somme annuelle de 20 millions. Mais combien ces chiffres ont dû s'élever encore dans ces trentes dernières années, grâce aux progrès incessants de cette formidable association et au nombre toujours croissant des récidives !

J'en ai fini avec la question de la criminalité. On sait maintenant d'une manière à peu près exacte quelle est, sur ce point, notre véritable situation. On l'a dit avec raison : Il y a là un mal profond dont la persistance est, pour l'ordre social, un immense danger en même temps qu'une honte.

Un danger ! car comment envisager sans effroi ce débordement régulier de crimes et de délits s'étendant et grossissant chaque année, au mépris de toutes les digues que peut leur opposer la loi pénale ?

Une honte ! car s'il est vrai que le but principal de la civilisation soit de rendre l'homme meilleur, comment une nation aussi éclairée que la France peut-elle supporter sans humiliation cette marche ascendante de la criminalité : signe certain de démoralisation et de décadence ?

La question est nettement posée : il s'agit de savoir si une poignée de misérables, qui persistent, malgré tous les avertissements de la justice, à vivre en dehors de la société, doit faire la loi aux honnêtes gens ; s'il n'y a pas pour les pouvoirs publics, en présence de ce redoublement de violence et d'audace, un rigoureux devoir de redoubler de vigilance et de fermeté ; si on se décidera enfin à opposer à toutes les basses convoitises qui s'allument de plus en plus dans ces cœurs dépravés autre chose que des phrases creuses et des expédients puérils.

Ce serait une étrange illusion de croire que les petites mesures auxquelles on a eu recours jusqu'ici peuvent avoir la vertu d'en imposer aux malfaiteurs de profession et surtout aux récidivistes. Ce n'est pas avec de tels moyens qu'on parviendra à dissimuler ni l'existence des faits, ni leurs conséquences.

Il est temps d'aborder la situation d'une façon sérieuse, sans équivoque et sans faiblesse, d'interroger l'opinion, de raffermir ce qui est ébranlé, de rendre aux honnêtes gens l'espoir et la confiance et aux intérêts sociaux l'autorité et la protection qui leur manquent.

Le mal existe incontestablement ; tout le monde le reconnaît. Il ne s'agit plus que d'en rechercher les causes et de voir quels sont les remèdes qui seraient les plus propres à le conjurer.

TROISIÈME PARTIE.

LES CAUSES.

TROISIÈME PARTIE.

LES CAUSES.

Les causes du mal sont nombreuses et complexes. On peut les diviser en deux classes :

Les causes principales ou directes ;
Les causes accessoires ou indirectes.

Parmi les causes principales, j'indiquerai :

La mauvaise organisation du jury actuel ;
Les vices du régime pénitentiaire ;
L'abus des circonstances atténuantes ;
L'absence d'enseignement moral dans les écoles publiques.

Je pourrais signaler un grand nombre de causes indirectes ; je me bornerai aux deux suivantes :

L'abus du droit de grâce ;
L'abus du droit de récusation en matière criminelle.

Je vais m'expliquer sur ces divers points.

CHAPITRE I.

MAUVAISE ORGANISATION DU JURY.

Le jury a été souvent, dans ces dernières années, l'objet de critiques vives et répétées. On a relevé les crimes restés impunis, les faits dénaturés par des déclarations mensongères, l'abus des circonstances atténuantes et un grand nombre de verdicts qui paraissent autant de défis jetés à la conscience publique. Beaucoup de bons esprits se sont demandé si de tels résultats ne devaient pas être attribués à l'institution elle-même et si le moment n'était pas venu d'enlever au jury un pouvoir dont il ne comprenait pas l'importance et dont il persistait à faire un si mauvais usage.

Je suis porté à croire que ceux qui tiennent ce langage ne se font pas une idée bien exacte du mécanisme et des attributions du jury.

On confond trop souvent cette juridiction exceptionnelle, essentiellement variable et mobile, avec les tribunaux ordinaires. Cette dernière juridiction est soumise à des règles fixes ; elle a son esprit de corps, sa discipline et ses traditions. Les juges permanents sont, avant tout, les serviteurs et les esclaves de la loi écrite ; ils sont soumis à des épreuves sérieuses avant d'entrer dans la carrière, sont obligés de motiver leurs décisions, bonnes ou mauvaises, et les juridictions inférieures ont au-dessus d'elles d'autres juridictions qui peuvent mo-

difier et réformer leurs arrêts. Rien de semblable
pour le jury. Magistrats d'un jour, leurs pouvoirs
sont cependant illimités et leurs verdicts irrévoca-
bles. Ils ne sont pas tenus de motiver leurs décisions et n'en sont responsables que devant l'opinion
et leur conscience. On ajoutait autrefois « devant
Dieu », mais, par ces temps de laïcisation à ou-
trance, le mot a dû être supprimé.

On voit par là qu'il ne faut pas s'étonner outre
mesure des revirements et des contradictions qu'on
remarque assez souvent dans les décisions du jury.
Ces contradictions tiennent à la nature de la juridiction elle-même, et il faut bien se garder de leur
donner une importance exagérée. On ne peut reprocher au jury de mal appliquer et même de violer la loi, puisque, pour lui, il n'y a pas de loi proprement dite. Au fond, il n'y aurait donc pas à se
trop préoccuper de ces défaillances, si elles ne s'appliquaient qu'à des faits rares et isolés, qui ont dû
naturellement entrer dans les prévisions du législateur.

Ce qui est grave, ce qui est réellement de nature
à faire naître chez tous les honnêtes gens de sérieuses préoccupations, c'est que, depuis quelques années, la mollesse du jury — surtout du jury de la
Seine — à l'égard d'une certaine catégorie de crimes, est passée à l'état de jurisprudence. On ne
compte plus le nombre des individus poursuivis
pour meurtre ou tentative de meurtre à l'aide du
vitriol ou du revolver, et acquittés. Il est de prin-

cipe, pour ces bons jurés de la Seine, que, toutes les fois que le fait incriminé est le produit d'une violente passion dont l'origine n'a rien de vil et de bas, il n'y a pas lieu à répression. La nature du mobile excuse tout à leurs yeux. Pour quelques accusés, c'est la jalousie; pour d'autres, c'est la vengeance; pour d'autres, un amour désordonné. Cela s'appelle « crimes romantiques, crimes littéraires, crimes passionnels. » Quel que soit le nom, le résultat est à peu près invariable. A tous, indistinctement, le jury semble dire, en prononçant son verdict : « Allez en paix, mes amis, ce n'était pas la peine de nous déranger pour si peu ! » C'est à bon droit que des protestations énergiques se sont élevées de toute part contre de semblables tendances, qui auraient pour effet de transformer une nation, réputée jusqu'ici la plus policée du monde, en une nation d'épileptiques et de fous furieux.

Dans une telle confusion, que devient le respect de la loi, qui a fait jusqu'à ce jour l'honneur et la sauvegarde des peuples civilisés ?

On comprend les fluctuations et les contradictions du jury, lorsqu'il s'agit des délits politiques. Là, rien de fixe et d'absolu, tout est mobile comme le souffle de l'opinion publique; le délit lui-même est souvent insaisissable ; ce qui est délit dans un temps ne l'est plus dans un autre; d'heure en heure, avec le vent, avec les hommes qui arrivent au pouvoir ou en descendent, les choses prennent un aspect différent. Mais il ne saurait en être de même pour les crimes ordinaires. Tous les honnêtes gens devraient être d'accord sur ce point, que le meurtre est une action stupide et abominable qui ramène droit à la barbarie, et qu'il n'est pas permis de livrer l'avenir des sociétés humaines au caprice du premier venu. Tous devraient comprendre que le revolver et le vitriol ne sont pas une solution; que ces crimes, qu'on cherche à diviniser, ne sont le plus souvent que les crimes de l'orgueil et de l'inconduite, et que, dans tous les cas, il n'est jamais permis à l'individu de s'insurger contre la volonté de la loi.

Un homme d'esprit écrivait, à l'occasion d'un de ces acquittements fantaisistes : « On comprend à la rigueur la loi du *lynch* pour le pionnier perdu dans les profondeurs mystérieuses de l'Amérique : le tribunal est loin, le désert est partout ; l'impunité du coupable peut compromettre l'existence d'une colonie entière. Mais à Paris ! en France ! en pleine civilisation ! cela dépasse toutes les bornes ! » « Excellents jurés ! ajoutait le même écrivain, il n'en est peut-être pas un qui n'ait à se reprocher quelqu'une de ces peccadilles que nos mœurs américaines châtient à coups de revolver ! »

Plus j'y réfléchis, moins je comprends la faiblesse du jury de la Seine pour ces sortes de méfaits. Pour les innocenter complètement, il faut avoir perdu toute notion de droit et de bon sens et ne plus croire à la justice sociale.

On ne saurait nier la funeste influence exercée

par ces verdicts sur la moralité publique. Le mal
est contagieux plus encore que le bien, et ce n'est
pas impunément qu'on donne au peuple ces exemples d'impunité absolue. Pour celui qui assiste aux
débats, comme pour celui qui en lit le compte-rendu
dans les journaux, la conclusion s'impose: si le
jury acquitte, c'est que le fait n'est pas criminel, et
tout ce qui n'est pas criminel, on a le droit de le
faire. Le revolver, le couteau, le vitriol sont donc
un moyen licite de se rendre justice. L'argument
est à la portée de tout le monde, et on peut affirmer, sans crainte de se tromper, que bon nombre
d'attentats n'ont eu d'autre cause depuis quelques
années que cette indulgence inepte et répétée du
jury.

A ce point de vue, les jurés de la Seine jouent
véritablement en France le rôle d'agents provoca-
teurs. On se souvient de cet accusé qui, poursuivi
pour avoir tiré des coups de revolver à un avoué
auquel il reprochait de n'avoir pas apporté assez de
zèle dans la défense de ses intérêts, appelait le plus
naïvement du monde un autre accusé acquitté peu
de temps auparavant pour un fait semblable :
« mon prédécesseur. » Le mot parut sans doute
charmant, puisque ce second meurtrier fut à son
tour, malgré ses aveux, rendu à la liberté.

Etrange inconséquence ! Ce même jury de la
Seine, si sentimental pour le vitriol et le revolver,
se montre quelquefois, pour d'autres infractions,
d'une sévérité poussée à l'excès. Je veux parler de
cette catégorie d'accusés qui forcent les serrures et

ouvrent les coffre-forts. A ceux-là le jury refuse souvent ces circonstances atténuantes dont il est habituellement si prodigue vis-à-vis des meurtriers, et, cependant, n'existe-t-il pas entre le meurtre et le vol, au point de vue social, une énorme différence ? La société n'est-elle pas bien plus intéressée à réprimer l'attentat contre les personnes que l'attentat contre la propriété ?

Une autre anomalie a été encore signalée. Si ces mêmes individus, poursuivis devant la cour d'assises pour avoir attenté à la vie de leurs semblables et acquittés par le jury, avaient été traduits en police correctionnelle pour un simple délit de coups et blessures, ils auraient été certainement condamnés à l'amende et à la prison. D'où on peut tirer cette conséquence, qu'il vaut mieux tuer que frapper et qu'un homme mort inspire à la justice moins d'intérêt qu'un homme blessé. Lorsqu'on a placé un bandeau sur les yeux de Thémis et une balance dans ses mains, on ne s'attendait sans doute guère à de tels résultats. Pour peu que cela continue, il faudra enlever la balance et ne laisser que le bandeau.

Il y a quelques années, ce n'est guère que devant la Cour d'Assises de la Seine que les choses se passaient ainsi. En sa qualité de Ville-Lumière, Paris semblait s'être réservé le monopole des « verdicts romantiques, littéraires et passionnels. » Mais la nouvelle école n'a pas tardé à faire des prosélytes en province. C'était facile à prévoir et personne n'en a été surpris. J'ai déjà rappelé l'acquittement des deux jeunes filles de la campagne traduites, à quelques jours d'intervalle, en 1888, devant les cours d'assises du Tarn et de la Loire, pour avoir attenté aux jours de leurs vieux parents.

De son côté, la Cour d'assises des Pyrénées-Orientales acquittait un individu qui, en pleine audience, tirait plusieurs coups de revolver sur son beau-frère, siégeant comme président du tribunal, avec lequel il était en procès. Au bout de quelques mois, ce même individu était de nouveau arrêté et poursuivi pour un fait semblable, commis envers la même personne.

Vers la même époque, un ouvrier paresseux et mal famé était traduit devant la Cour d'assises de l'Indre pour avoir empoisonné avec de l'acide sulfurique sa petite fille, âgée de six semaines. Cet homme, qui était adonné à la boisson, avait dit à plusieurs personnes que la venue d'un nouvel enfant le mettait sur la paille et qu'il savait ce qu'il avait à faire. Les débats établirent que l'accusé s'était approché de l'enfant pendant qu'elle dormait et, avec un imperturbable sang-froid, lui avait versé un demi-litre d'acide dans la bouche. Il fut également ment prouvé que, le matin même du crime, il avait dépensé en eau-de-vie et en tabac le peu d'argent qui lui restait et qu'il tenait d'une personne charitable. Il n'en fut pas moins rendu à la liberté par le jury.

Dans le courant de la même année, la Cour

d'assises du Gard acquittait à son tour une femme qui, sans la moindre provocation, tirait en plein visage à son gendre, divorcé avec sa femme, trois coups de revolver.

Je pourrais rappeler beaucoup d'autres faits semblables, mais je crois devoir me borner aux plus saillants parmi ceux dont j'ai pris note et qui remontent à des époques peu éloignées. Je les crois plus que suffisants pour établir la gravité du mal et la nécessité d'y porter promptement remède.

Ce n'est pas de cette manière, il faut le dire à l'honneur du passé, que le jury comprenait autrefois son devoir. Il y avait alors comme aujourd'hui des crimes inspirés par l'amour, la haine et autres passions violentes, mais les jurés, tout en restant humains et modérés, savaient se montrer respec- tueux de la loi. Ils savaient apprécier les circonstances du fait et tenir compte à l'accusé de tout ce qui pouvait atténuer son crime. Mais ils savaient, en même temps, se garder de cette indulgence aveugle qui s'exerce exclusivement au profit des malfaiteurs, sans le moindre souci des victimes.

Je me souviens d'avoir assisté dans ma jeunesse, devant les assises de la Seine, au procès d'un jeune homme, émailleur de son état, qui avait tué sa maîtresse dans un accès de folie amoureuse et s'était ensuite livré à la justice. La passion de cet homme était telle qu'il avait acheté de ses économies une concession perpétuelle sur laquelle il avait fait élever un monument à sa victime. Il passait des journées entières dans sa prison, à prier, et à fabriquer des couronnes de perles qu'il faisait porter au cimetière, quand il ne les déposait pas luimême sur l'espèce d'autel qu'il avait dressé dans sa cellule. Cet halluciné était défendu par Mᵉ Lachaud, l'éminent avocat d'assises, qui sollicitait pour lui une maison de santé ; mais toute son éloquence échoua devant le simple bon sens du jury, qui se borna à accorder à l'accusé des circonstances atténuantes.

Si ce sentimental meurtrier était venu au monde trente ou quarante ans plus tard, il aurait eu sans doute, comme tant d'autres, les honneurs de ce piédestal que la colossale bêtise de notre temps a élevé aux névrosés et aux romantiques du crime. Les grands journaux se seraient empressés de recueillir ses moindres faits et gestes, jusqu'au menu quotidien de ses repas ; le jour de l'audience venu, il aurait pu serrer la main des journalistes, faire de l'esprit avec le président et minauder avec cet auditoire féminin aux « riches et élégantes toilettes, » qu'on est toujours sûr de rencontrer, en pareille circonstance, dans le prétoire des Cours d'assises.

Cette conduite du jury français, qui laisse ainsi violer entre ses mains le dépôt de la justice, est sans doute profondément regrettable. Mais faut-il conclure avec quelques écrivains que le jury a fait son temps et doit être remplacé par une autre institution, établie sur de nouvelles bases et dont le fonctionnement soit mieux assuré ? N'y aurait-il même pas avantage à rendre à la magistrature chargée de la justice ordinaire le jugement des affaires criminelles ?

Telle n'est pas mon opinion.

Voltaire a dit, je crois, que si Dieu n'existait pas, il faudrait l'inventer. Je n'en dirais pas autant du jury s'il n'existait pas et je ne serais peut-être pas au nombre de ceux qui voudraient « l'inventer. » Il est permis de croire que la magistrature ordinaire, surtout si elle était soumise à d'autres règles de nomination et d'avancement qui assureraient davantage son indépendance, s'acquitterait beaucoup mieux de cette tâche difficile. Mais toutes ces considérations perdent la plus grande partie de leur autorité en présence du fait accompli. Non-seulement le jury existe, mais il date d'un siècle; il est entré dans nos mœurs et fait partie des institutions vitales du pays. On ne peut donc songer sérieusement à le supprimer. Ce qui est d'ailleurs défectueux dans le jury, c'est l'organisation beaucoup plus que l'institution. En modifiant l'organisation sur quelques points essentiels, l'institution me paraît donc appelée à rendre encore d'importants services.

Ce qui fait surtout la difficulté, c'est que le jury a été créé non-seulement dans des circonstances politiques absolument différentes de celles où nous nous trouvons, mais pour des besoins et des intérêts sociaux qui ne ressemblent nullement aux besoins et aux intérêts sociaux actuels.

De toutes les œuvres de la Révolution, il n'en est peut-être aucune qui conserve à un plus haut degré la trace des défauts et des qualités de notre première assemblée constituante. On y trouve tout à la fois une haute raison qui devine une institution excellente dans son principe et une candeur naïve qui ne tient aucun compte des difficultés pratiques.

L'institution du jury date, on le sait, de 1791 ; il fut établi par un décret de l'Assemblée nationale.

« C'était, a dit M. Guizot, la conviction du dix-
« huitième siècle et de la génération formée à son
« école que l'homme est essentiellement bon et
« que, dans toutes les sociétés humaines, le mal
« provient non de la nature humaine, mais de la
« mauvaise organisation sociale et du mauvais
« régime politique ; cette confiance dans la bonté
« de l'homme était, en 1789, un principe au-dessus
« de toute contestation...

« Dans son vigoureux élan vers un avenir meil-
« leur, cette génération a vécu et agi sous l'empire
« de cette immense erreur. C'est là le venin qui a
« si promptement altéré les sources de la Révolu-
« tion française, et mêlé tant de mal à tant de
« bonnes intentions et d'espérances généreuses. »

« Il faut, disait Thouret, en parlant du projet
« relatif aux justices de paix, que tout homme de
« bien, pour peu qu'il ait de l'expérience et de
« l'usage, puisse être juge de paix...... L'agricul-
« ture sera ainsi plus honorée, le séjour des champs

« plus recherché et les campagnes seront peuplées
« d'hommes de mérite de tous les genres. »

« Ce n'est pas d'après la loi, ajoutait l'ancien
« conseiller Duport, que doivent se décider les
« juges de paix, mais d'après la simple et pure
« équité. Les motifs par lesquels ils se déterminent
« ne sont pas tirés du code civil ni des lois posi-
« tives, mais du droit naturel et de la connais-
« sance particulière qu'ils ont de la position et des
« conditions des parties. »

Le même Duport affirmait que « rien n'est plus
« facile que de rendre un jugement ; tout se rédui-
« sant à un syllogisme dont la majeure est le fait,
« la mineure la loi, et le jugement la conséquence. »

Il ajoutait en parlant des arbitres : « Conservons·
« leur ce caractère touchant qui fait toute leur
« force et leur autorité, et au milieu de nos
« institutions sociales et des inévitables abus
« qu'elles entraînent, gardons soigneusement ce
« petit coin par lequel nous tenons encore à la
« nature et à sa touchante simplicité...... Ces sor-
« tes de jugements réveillent et raffermissent dans
« le cœur de l'homme les notions préliminaires de
« la morale et de l'équité. Ils sont l'image naïve de
« la simplicité et de la candeur du premier âge....
« On prendra pour ces fonctions l'homme le plus
« vertueux et le plus conciliant et non le plus
« habile. »

De son côté, l'abbé Sieyès soutenait « que les
« juges étrangers aux lois devaient, en matière
« civile comme en matière criminelle, être choisis

« parmi les *pairs* de l'accusé ou des plaideurs, c'est-
« à-dire parmi les citoyens qui sont dans une posi-
« tion semblable ou analogue de devoirs, de fortune
« et de société, et à qui, par ces raisons, le caractère
« légal des cas à juger devait être le mieux connu. »

Il y avait alors à l'Assemblée nationale un jeune
avocat dont on ne s'était guère occupé encore,
paraissant modéré dans ses manières, ses habitudes et son langage. Dans cette discussion de la
loi sur le jury, cet orateur déclara que « juger les coupables était un acte de charité pour la société tout entière. » L'homme qui parlait ainsi et qui paraissait si
soucieux des droits de la société n'était autre que
le futur dictateur de 93, ce même Robespierre qui
devait, deux ans après, faire de l'assassinat politique le corrolaire indispensable de la Révolution.

Le législateur de 1791 se croyait tellement sûr de
son fait en établissant le jury, il avait une telle
confiance dans son œuvre, qu'il allait jusqu'à supprimer le droit de grâce, persuadé que les décisions de tels juges ne pouvaient être que la haute
expression de la vérité.

Jamais, on peut le dire, de telles idées n'ont
donné de plus terribles démonstrations de leur
impuissance que dans la Révolution Française.
Jamais cette apparente logique n'a entraîné des
conséquenses plus désastreuses et plus imprévues.
A entendre ces orateurs pleins de sensibilité et
d'onction, on ne se douterait guère que le jour
approche où la justice va devenir l'instrument des
plus basses vengeances, où la hache du bourreau

va s'acharner sur tant de nobles et innocentes victimes.

On peut voir, par les citations qui précèdent,
l'idée que l'Assemblée constituante s'était faite de
la justice et de l'institution du jury. A ses yeux, le
jury devait être une sorte de magistrature patriar-
cale, ne ressemblant en rien à la magistrature ancienne. Elle considérait la mission du juge comme
le plus commode et le plus facile des métiers.

On peut voir combien les temps sont changés et
quelle profonde transformation s'est opérée entre
les idées et les mœurs des deux sociétés.

La génération de 1889 ne brille pas assurément,
comme celle de 1789, par la simplicité et l'enthousiasme. Elle ne rêve plus la paix des champs, ni
la simplicité des mœurs patriarcales. L'image de la
famille ne lui apparaît plus sous les traits du ber-
ger de Virgile, au milieu de gras pâturages et de
verdoyantes collines. Autant nos pères se passion-
naient pour tout ce qui leur paraissait noble,
grand et généreux, autant nous affectons l'indifférence et le dédain pour tout ce qui ne mène ni
au pouvoir ni à la fortune. A une société aussi
blasée, aussi positive que la nôtre, il faut autre
chose que les procédés imaginés par la génération
de 89. Chaque époque se meut et se développe
dans un milieu qui lui est propre. L'ignorance et
la simplicité étaient presque un titre aux yeux de
nos pères ; notre tempérament exige aujourd'hui
une nourriture plus solide et plus fortifiante. Il

nous faut notamment une justice plus ferme, plus éclairée, plus appropriée aux nouvelles nécessités sociales. Le jury qu'avait rêvé l'Assemblée constituante ne suffit plus aux conditions de notre état social, et on ne peut le conserver de nos jours qu'au moyen de quelques modifications importantes, qui lui rendront l'autorité et le prestige qui lui échappent de plus en plus.

J'entends des hommes très éclairés se plaindre souvent de l'incohérence et de la confusion qu'ils remarquent dans les verdicts du jury. Mais est-ce le jury seul qui mérite ce reproche ? L'incohérence et la confusion ne sont-elles pas partout aujourd'hui? N'existent-elles pas au plus haut degré dans l'ordre politique comme dans l'ordre moral ? Ne sont-elles pas dans les institutions, dans les doctrines, dans les croyances ?

Il serait difficile de ne pas voir, dans cet état des esprits, le travail secret des influences révolutionnaires qui ont pénétré partout, affaiblissant tous les ressorts, usant tous les freins, détruisant les conseils de la plus stricte probité par les séductions d'un matérialisme grossier, les habitudes d'ordre, de modération et de régularité par le spectacle de la violence et de la force brutale.

Il ne faut pas se le dissimuler: nous sommes en présence d'un immense désordre moral, dont il est impossible que l'influence ne se fasse pas sentir plus ou moins directement dans toutes les classes de la société. Devant un tel désordre d'idées, qui-

conque n'est pas soutenu par des principes inébran-
lables et ne réunit pas à une raison droite une
grande fermeté de caractère, risque de se perdre
dans les voies les plus funestes.

Comment espérer que des hommes vivant au
milieu d'une telle atmosphère et appelés aux
difficiles fonctions de juges apportent sur leurs
fauteuils ce sentiment du devoir, cette sûreté de
jugement, cette indépendance de caractère qu'e-
xige ce grand et redoutable mandat ? Comment
s'attendre à ce qu'ils abdiquent subitement leurs
préjugés et leurs erreurs ? Comment espérer que ces
juges improvisés, qui se trouvent peut-être pour la
première fois devant une cour de justice, se fassent
une idée exacte de la mission que la loi leur impose ?
N'est-ce pas vraiment leur demander un effort sur-
humain dont ils sont absolument incapables ? Au
lieu de consulter l'intérêt social, dont ils devraient
avant tout se préoccuper, ne subiront-ils pas des
influences d'un ordre moins élevé et tout-à-fait
étrangères à l'idée de justice ?

La pente est d'autant plus irrésistible que le
législateur lui-même, dans les nombreux remanie-
ments qui ont eu lieu à l'occasion du jury, a presque
toujours cédé aux préoccupations de l'esprit de parti
plutôt qu'aux nécessités de la justice.

Cette grande institution du jury, ainsi qu'on l'a
fait observer plusieurs fois, n'a pas seulement fléchi
dans nos grandes crises politiques, elle a flotté à
tous les mouvements de l'opinion. Son histoire n'est

pour ainsi dire que celle de ses variations. Toutes les fois que la France a changé de gouvernement, elle a bouleversé la liste du jury ; elle a soumis ce corps judiciaire, qui devrait être à l'abri de notre inconstance et de notre mobilité traditionnelles, à tous les essais, à toutes les combinaisons de la législation politique. Tantôt il a été une émanation plus ou moins déguisée du pouvoir, tantôt il n'a eu d'autres limites que le suffrage universel, tantôt il s'est recruté parmi les électeurs privilégiés ; tantôt on a appelé dans son sein tous les citoyens, sans aucune garantie d'intelligence et d'aptitude. Les passions politiques se le sont disputé tour à tour, alors que le premier caractère et le premier devoir du juge doivent être l'impartialité et le dégagement de toute passion. Parfois énergique et impitoyable aux époques de réaction, il s'est habituellement montré faible, énervé, tremblant dans les années de trouble et à la suite des grandes crises.

La démocratie extrême n'a jamais voulu voir dans les affaires portées devant les cours d'assises que les affaires politiques sur lesquelles le jury peut être appelé quelquefois à statuer. Sa constante préoccupation a été de ne pas se dessaisir d'un instrument qui pourrait devenir entre les mains de ses adversaires une arme de combat.

Les mêmes préoccupations existent aujourd'hui dans l'esprit de ceux qui sont chargés par la loi de la formation des listes. Au lieu de se renseigner sur les antécédents et la valeur morale et intellectuelle d'un juré, on consulte avant tout la couleur de ses opinions politiques. Là aussi l'épuration a fait son chemin et l'exclusivisme a donné ses fruits naturels. Il fallait des juges ; on a pris des politiciens.

Le jury se composait jadis principalement de négociants notables, d'employés de grandes administrations, de professeurs, d'ingénieurs, d'avocats, de médecins et autres citoyens appartenant aux professions libérales. Veut-on savoir quels sont les hommes que les commissions spéciales appellent aujourd'hui aux fonctions de jurés ? J'ai pris au hasard un numéro de la *Gazette des Tribunaux* et voici ce que j'ai trouvé : sur trente-six noms, cinq rentiers, deux mécaniciens, un mégissier, un distillateur, un entrepreneur de peintures, un marchand de futailles, un fabricant d'encre, un marchand de fonte, un cordonnier, un sculpteur, un marchand de beurre, un maitre de lavoir, un ferblantier, un marchand de volailles, un fabricant d'eau de seltz, un marchand de literie, un fabricant de bâches, un marchand de meubles et un fabricant de perles.

Tous les citoyens portés sur cette liste sont sans doute d'honnêtes gens, animés des meilleures intentions et très dévoués aux institutions actuelles, mais il est permis de se demander si on trouve là ces garanties de capacité et d'indépendance qu'exige une si haute fonction ?

Il ne faut pas se lasser de le répéter : il n'y a rien de commun entre la justice et la politique, et il ne peut résulter de ce mélange qu'une union adultère. Le droit d'élire et le droit de juger exigent des aptitudes toutes différentes, et c'est à grand tort qu'on a confondu l'électeur et le juré. C'est de cette malheureuse confusion que sont venues la plupart des difficultés qui se sont produites dans l'administration de la justice criminelle et ont compromis plus d'une fois l'existence de l'instruction elle-même.

Une autre cause est venue fausser gravement de nos jours l'institution du jury. Je veux parler de l'intervention incessante, désordonnée de la presse dans les choses judiciaires.

Je n'entends pas contester le concours efficace que la presse peut donner et a donné quelquefois à la justice, en lui fournissant des indications et des renseignements utiles. Mais il y a loin de là à cette curiosité inquiète, ardente, passionnée, dont nous avons vu tant de fois les tristes effets. Tout grand criminel est entouré aujourd'hui d'une foule d'historiographes à l'affût, qui prennent sa mesure, épient ses moindres paroles et ses moindres gestes, interrogent sa famille, son enfance, sa jeunesse, et dressent du tout procès-verbal, d'heure en heure, afin de présenter au public leur sujet au grand complet. Avec de tels procédés, il n'y aura bientôt plus parmi nous des Plutarque que pour les héros du bagne et de l'échafaud.

Peut-on dire que c'est l'amour de la justice et de la vérité qui anime les écrivains dont il s'agit ?

N'est-ce pas plutôt le désir de donner satisfaction, dans un intérêt purement mercantile, à des imaginations perverties, à une curiosité malsaine ?

Mais ce n'est pas à cela que se borne la prétention d'une certaine presse.

Elle entend diriger elle-même la procédure et se substituer aux fonctionnaires chargés par la loi de la recherche et de la constatation des crimes. Elle invente des témoignages, se livre à de véritables perquisitions, procède au besoin à des confrontations, adresse des sommations aux magistrats et réclame le droit de pénétrer jusque dans le cabinet des commissaires de police et des juges d'instruction, pour voir et entendre ce que personne n'a le droit de voir ni d'entendre.

Il faut que la presse sache, une fois pour toutes, qu'aux termes de la loi existante, l'instruction doit être *secrète* et appartient exclusivement aux magistrats judiciaires; qu'intervenir à tout propos, comme elle le fait, dans la direction de la procédure, c'est entraver l'action de la justice et compromettre non seulement les intérêts de la société, mais ceux de l'accusé lui-même, en égarant l'opinion publique par des divulgations presque toujours incomplètes et souvent mensongères. La loi est ainsi faite; si on la trouve mauvaise, qu'on la change; jusqu'alors, tout le monde doit la respecter et s'y soumettre, même les journalistes.

Inutile d'ajouter que la plupart de ces publicistes n'ont, en matière juridique, aucune notion des questions qu'ils tranchent avec tant d'autorité.

Un journal politique important ne s'élevait-il pas récemment avec une vive indignation, à l'occasion d'une grande affaire jugée par la Cour d'assises de la Seine, contre « la disposition inique de la loi française qui impose le serment à des complices traduits devant la justice criminelle et dont les déclarations pourraient entraîner la mort de l'accusé principal. » L'auteur de l'article n'oubliait qu'une chose, c'est que la législation qui imposait le serment aux accusés ou à leurs complices remonte à plus d'un siècle et que les témoins seuls sont maintenant astreints au serment.

En toute circonstance, cette intervention de la presse ne peut exercer une fâcheuse influence sur l'esprit public ; mais son action est bien plus dangereuse encore lorsque l'affaire soumise au jury présente, de près ou de loin, un caractère politique ou religieux. L'acte incriminé est présenté, selon qu'il vient d'un coréligionnaire ou d'un adversaire, sous les aspects les plus opposés, et l'acquittement ou la condamnation sont réclamés avec la plus scandaleuse insistance. Comment le citoyen, qui est au courant par son journal de ces discussions passionnées et se trouve appelé plus tard à faire partie du jury, ne serait-il pas vivement impressionné par cette lecture ?

Le jour des débats arrivé, la même pression continue avec une intensité nouvelle. L'accusé et la partie civile, s'il y en a une, sont signalés d'avance, suivant le parti auquel ils appartiennent, à la sympathie ou à la haine des juges. On dicte aux témoins leurs déclarations et au jury son verdict. Les journaux ne se bornent pas à tronquer les débats, à écourter et à dénaturer les discussions, suivant leurs passions et leur fantaisie ; ils inventent des incidents et publient des détails absolument contraires à la vérité. Le verdict est-il conforme à leurs désirs ? l'institution du jury est représentée comme l'idéal de la justice ; dans le cas contraire, c'est un déchaînement inouï d'injures et de menaces qui durent des semaines entières et s'adressent non seulement aux jurés, mais aux magistrats qui ont rendu l'arrêt. Tous indistinctement sont voués aux gémonies et menacés de la « justice populaire. »

En de telles conditions, comment trouver des esprits assez libres et assez fermes pour rendre le verdict impartial que demande la loi ? Comment compter sur la sagesse et la conscience des hommes à ces heures d'exaltation qui accompagnent les luttes violentes des partis ? Parmi les jurés, les uns arrivent aux débats avec une conviction déjà arrêtée. D'autres, obéissant à l'esprit de parti, jugent suivant les seules inspirations de leur journal. D'autres enfin, cédant à un sentiment encore moins honorable, la peur, s'empressent, aussitôt le verdict proclamé, de dégager leur responsabilité en faisant savoir par la voie de la presse que la condamnation a été prononcée contrairement à leur avis.

Qu'on ne m'accuse pas dè parti-pris ni d'exagération. Cette histoire est d'hier et je m'abstiens de citer des noms et des exemples qui sont connus de tout le monde.

Un danger d'une autre nature attend encore les jurés, lorsqu'ils ont pris possession de leur siège.

Par une aberration étrange, les cours de justice se trouvent aujourd'hui transformées en théâtres. On a beau protester, c'est bien le mot qui convient à la chose. On trouve, en effet, dans la salle d'audience tout ce qui constitue le théâtre : « la queue » avant l'ouverture des portes, « les places réservées, la scène et les acteurs, y compris les comparses ; » tout enfin, jusqu'aux « rafraîchissements et à la claque ». Il n'y manque que « l'entr'acte », mais cela viendra inévitablement.

Qu'on ajoute à ce tableau la présence des belles désœuvrées qui viennent chercher là un remède à leurs ennuis, soupirant après des émotions trop rares, s'impatientant des lenteurs, bâillant aux endroits faibles, portant en un mot, dans ces débats où se discute la vie d'un homme, cette curiosité agitée, fébrile, que le théâtre lui-même pourrait à peine tolérer.

Comment les magistrats appelés à présider la cour d'assises de la Seine peuvent-ils se prêter à de telles fantaisies et permettre que des « toilettes tapageuses » viennent se mêler ainsi aux robes rouges des magistrats ?

C'est à eux cependant que la loi a réservé la

police de l'audience, ainsi que le droit de réprimer
toutes les inconvenances qui peuvent se produire.

L'allocution d'un ancien président d'assises me
revient ici à la mémoire. Il s'agissait d'une affaire
grave, mais promettant des détails scabreux. Le
président, qui s'était refusé à donner des billets,
voyant l'enceinte réservée envahie par un grand
nombre de dames, prit la parole et dit: « Les débats
qui vont s'ouvrir sont de telle nature qu'une honnête femme ne peut y assister; j'engage donc toutes
celles qui sont venues à se retirer. » Puis, comme
personne ne bougeait, il ajouta : « Maintenant que
toutes les femmes honnêtes sont sorties, je donne
l'ordre à l'huissier de faire sortir les autres. »

La leçon était sanglante, mais elle était méritée.
Il est vrai que le président en question était un
obscur magistrat de province et appartenait aux
anciennes couches.

On me pardonnera cette digression dont personne
ne contestera l'opportunité.

L'abus que je signale est en effet arrivé à ce point
que toute la presse honnête s'en est préoccupée et
a fait entendre des protestations indignées.

Songe-t-on aux abus révoltants qu'entraîne une
telle manière de rendre la justice? Les débats et
le verdict sont-ils libres, alors qu'un auditoire
tumultueux, guette les mouvements du juge, cherche à deviner sa pensée et à lire dans ses yeux ce
que la loi l'oblige de taire ?

La qualité de juge ne détruit pas les misères du cœur, il est des faiblesses et des complaisances auxquelles la loi ne doit pas servir d'appui.

Certes, personne plus que moi n'est partisan de la publicité des débats en matière criminelle. Cette publicité est un des principes les plus tutélaires et les plus sacrés que la révolution de 1789 ait inscrits dans nos codes, une des conquêtes les plus précieuses que l'humanité doive à la civilisation moderne. Elle n'est pas seulement une garantie pour les accusés, elle l'est aussi pour la société, pour la justice et la magistrature. Elle est tout à la fois un frein et un appui pour la magistrature dont la conscience, quelque ferme et incorruptible qu'elle soit, a besoin d'être affermie et protégée contre les influences de toute sorte. Elle est de plus une garantie pour la vindicte publique, car elle ajoute à l'efficacité de la peine prononcée par le juge, en la rendant plus éclatante et par conséquent plus exemplaire. Mais peut-il exister quelque rapport entre cette publicité prévue et voulue par la loi et la publicité mensongère d'aujourd'hui ?

Lorsque nos pères, témoins et victimes de tant de crimes jugés dans l'ombre en ces temps malheureux que le nôtre a si justement stigmatisés, inscrivaient dans leur code ce grand principe de la publicité des débats, pouvaient-ils prévoir qu'un jour viendrait où il en serait fait une telle application ! La mission du juge est d'arriver sur son siège sans parti pris, d'accueillir religieusement les faits à la charge ou à la décharge de l'accusé, d'être attentif à tout ce qui peut contribuer à la solution du grand problème qui lui est soumis.

Je le demande à tout homme de bonne foi : Le peut-il dans les conditions actuelles ?

Après les débats oraux, viennent les discussions ; deux orateurs y prennent part : l'avocat général au nom de l'accusation, l'avocat au nom de la défense. Je ne dirai rien de l'organe du ministère public qui remplit habituellement sa tâche en conscience, mais dont la parole sobre et sévère a peu d'autorité sur le jury, qui s'attache avant tout aux mouvements oratoires.

Le rôle de l'avocat devient chaque jour plus prépondérant. La cour d'assises était autrefois une arène fermée ou livrée à l'inexpérience des débuts et que dédaignaient les talents déjà éprouvés. « L'avocat d'assises », comme on l'appelait, avait parmi ses collègues un rang quelque peu effacé, et ce n'est pas sans peine qu'il arrivait dans le conseil de l'ordre. La cour d'assises est au contraire aujourd'hui un théâtre brillant et animé que recherchent les avocats les plus éminents. L'avocat général a donc assez souvent en face de lui dans les grandes affaires des talents de premier ordre ; ce qui rend sa tache d'autant plus difficile que le système de défense a complètement changé en ce qui concerne certaines catégories de crimes. C'est une transformation importante, toute à l'avantage des accusés, mais qui n'est pas sans danger pour les intérêts sociaux. Lorsqu'il s'agissait d'un crime avoué ou indéniable, l'avocat se bornait autrefois à faire ressortir tous les motifs d'atténuation que pouvait présenter la cause, puis, le verdict rendu, il faisait appel à l'indulgence de la cour, et tout était dit.

Le barreau actuel a beaucoup plus d'ambition. Les circonstances atténuantes ne sont plus à ses yeux que des lieux communs un peu démodés, dont il n'use qu'avec une sorte de répugnance et seulement dans les cas désespérés. La passion ! l'entraînement ! l'hérédité ! la folie ! voilà son véritable champ de bataille ; voilà la thèse à laquelle il s'est voué et qu'il développe chaque jour avec une grande habileté et une sûreté de conscience que rien ne peut ébranler.

Pendant des siècles on avait donné le nom de folie à cette grave altération des facultés intellectuelles qui, en dehors de toute faute imputable à l'agent, anéantit sa liberté et sa volonté, lui enlève toute notion du bien et du mal, du juste et de l'injuste, et fait disparaître par cela même la responsabilité.

C'est dans ce sens que nos savants professeurs nous avaient expliqué sur les bancs de l'école cette disposition de la loi aux termes de laquelle « il n'y a ni crime ni délit lorsque le prévenu est en état de démence au moment de l'action, ou a été contraint par une force à laquelle il n'a pu résister. » La raison et le bon sens suffisent d'ailleurs pour indiquer qu'il ne peut y avoir ni crime ni délit lorsque l'auteur du fait n'a pu comprendre la portée morale de son acte. Il n'y a plus dans ce cas qu'un fait matériel qui échappe à toute répression pénale et doit échapper à toute poursuite.

Nos excellents maîtres ajoutaient que, d'après notre législation criminelle, « nul délit ne peut être excusé, ni la peine mitigée que dans les cas déterminés par la loi, sauf le droit réservé au juge de modérer la peine lorsqu'il reconnaît dans la cause des circonstances atténuantes. »

Ces principes sont toujours écrits dans nos codes, mais les choses n'ont plus le même nom et le sens des mots a changé complètement.

De savants spécialistes ont découvert depuis lors que tous les désordres intellectuels avaient leur source dans le cerveau, et que cet organe n'était lui-même qu'une agglomération d'autres organes ayant chacun ses qualités propres. Dans ce système, certaines parties du cerveau peuvent être spécialement affectées, alors que les autres continuent de fonctionner régulièrement. Imbécillité, manie, monomanie, mélancolie, délire ; ce sont là tout autant d'affections qui correspondent à une partie distincte de l'organe principal et sont également susceptibles de produire la folie partielle lorsque ce dérangement n'a lieu que dans certaines parties déterminées.

Au dire des mêmes écrivains, ces diverses altérations se transmettent fréquemment des ascendants aux descendants, et c'est à cette cause fatale qu'il faut souvent attribuer les crimes les plus atroces. Et non seulement les dispositions héréditaires peuvent exercer la plus grande influence sur la perpétration des actes criminels, mais il faut aussi tenir compte d'une foule d'autres causes qui peuvent plus ou moins déterminer l'agent, — causes physiques et morales, principales et secondaires, constantes et accidentelles, — et une foule d'autres qu'il serait trop long d'énumérer.

Je suis étonné que parmi ces illustres docteurs, aucun ne se soit avisé de conclure à la folie universelle. Une telle thèse s'appuierait sur des arguments qui ne manquent pas de force. N'est-il pas vrai que tous les hommes, petits ou grands, portent en eux un principe de folie ? Vérité bien vieille, que Sancho apprenait à Don Quichotte, sans se douter qu'il l'empruntait à Aristote, lequel, sans s'en douter, l'empruntait au roi Salomon. Je pourrais ajouter : vérité universelle, dont toutes les langues attestent la notoriété, car elles possèdent toutes une collection de mots pour désigner ces états singuliers de l'intelligence qui, sans enlever à l'homme l'usage libre et sensé de sa réflexion, sont en opposition avec les idées reçues et la conduite ordinaire de la vie. Originalité, bizarrerie, aberration, extravagance : la langue française, en particulier, est riche en locutions de ce genre, qu'on applique tous les jours aux individus en apparence les plus sensés.

Les personnes dont il s'agit passent généralement

dans le monde pour des « cerveaux détraqués », et je me demande pourquoi on ne leur appliquerait pas aussi le principe de l'irresponsabilité.

Il est facile de comprendre quel merveilleux parti les avocats d'assises savent tirer de ces théories nouvelles. En étudiant plus attentivement leurs dossiers, ils n'ont pas tardé à découvrir que la plupart de leurs clients n'étaient autre chose que de pauvres fous, victimes malheureuses d'une hérédité fatale, ou entraînés par une passion irrésistible qui avait altéré chez eux toute notion du bien et du mal et devait les rendre absolument irresponsables vis-à-vis de la justice humaine.

Une fois le principe de l'irresponsabilité posé, les conséquences ne se sont pas fait attendre. La folie a été divisée et subdivisée en une foule de variétés parmi lesquelles on n'a que l'embarras du choix: — *folie de l'amour*, — *folie de la haine*, — *folie de la vengeance*, — *folie des grandeurs*, — *folie de la persécution*, — *folie du persécuté persécuteur*; on a même trouvé pour définir d'autres folies indéfinissables un mot qui d'avance répond à toute objection: c'est la *folie innommée*; sans compter, bien entendu, la *suggestion*, l'*alcoolisme*, l'*hypnotisme*, la *fascination*, le *magnétisme*, etc., qui sont également indiqués comme exerçant sur la volonté et la liberté humaine une action irrésistible.

Un père de famille, marié avec une sainte femme, se croyant trahi par sa maîtresse, tire plusieurs coups de revolver sur celle-ci et son amant, qu'il blesse grièvement l'un et l'autre. *Folie de l'amour contrarié !*

Un ouvrier, mal famé et récidiviste, séparé de sa femme, décharge quatre fois son revolver sur son fils, qu'il accuse de lui avoir enlevé sa maîtresse. *Folie de la jalousie !*

Un homme divorcé rencontre par hasard dans un café sa femme, avec laquelle il n'avait plus depuis longtemps de rapports, et lui enfonce sa canne à épée dans la poitrine. *Folie de la haine !*

Une jeune fille, aux antécédents déplorables et complètement dépourvue de sens moral, participe activement et avec un incroyable sang-froid à un crime atroce préparé et prémédité depuis plusieurs jours. *Suggestion et hypnotisme !*

On le voit, c'est l'irresponsabilité absolue sollicitée en justice toutes les fois que le crime a sa source dans un certain égarement de la raison ou du cœur. Envisageant les choses bien plutôt par leur côté poétique que par leur côté moral, quelques romanciers nous avaient déjà montré qu'il existait dans certains crimes une sorte de grandeur ; que l'horrible pouvait avoir ses beautés et le meurtrier trouver son excuse dans l'atrocité même de son crime. Mais ces audacieuses doctrines n'avaient pas dépassé jusqu'ici les fantaisies du roman ; elles sont entrées aujourd'hui dans le domaine de la discussion judiciaire.

Après tout, faut-il beaucoup s'étonner des verdicts négatifs qui interviennent si souvent dans ces

sortes d'affaires ? Hérédité ! libre-arbitre ! provocation et contrainte morale ! responsabilité ! Est-il
rien au monde de plus difficile à saisir que ces
nuances confuses de droit social et de morale publique qui donnent le vertige aux meilleurs esprits et
troublent les consciences les plus fermes ? Comprend-on M: Prud'homme érigé en juge souverain
de telles questions ? Comprend-on ces douze honnêtes citoyens, sortant de leur atelier ou de leur laboratoire, transformés tout d'un coup en une sorte
d'académie des sciences morales et politiques ?
Peut-être s'en trouve-t-il par hasard dans leurs
rangs un ou deux que des études spéciales ont préparés à la solution de ces difficiles problèmes, mais
on peut être certain d'avance que l'avocat ne manquera pas de récuser ces juges trop clairvoyants.
De cette manière, la défense n'a plus en face d'elle
que quelques consciences simples et timorées, d'autant plus faciles à entraîner qu'elles sont plus étrangères aux émotions de l'audience et aux subtilités
de la discussion. Parmi ces douze juges improvisés, il en est certainement plus d'un qui, pour dégager sa responsabilité, se contente de jurer sur la
parole de l'avocat.

Ce n'est pas pour une pareille tache, il faut le
dire bien haut, que le jury a été institué en France.
A vouloir lui soumettre des questions de cet ordre,
il eût été bien préférable de laisser en place les anciens Parlements, qui s'en acquittaient avec autant
de passion peut-être, mais avec bien plus de
science et d'autorité.

Ce que l'Assemblée nationale a entendu soumettre au jury, ce sont des faits assez simples pour que le bon sens public pût en faire justice. Les grands problèmes de l'ordre moral et social dépassent sa compétence. N'imposons pas à un homme, quelque honorable qu'il soit, un fardeau au-dessus de ses forces, si nous ne voulons pas qu'il en soit écrasé.

Je dirai plus loin comment, à mon sens, pourrait être résolue la difficulté.

CHAPITRE II.

VICES DU SYSTÈME PÉNITENTIAIRE.

Après la réorganisation du jury, la réforme la plus urgente, la plus nécessaire est sans contredit celle de notre système répressif. C'est dans les vices de ce système qu'il faut chercher la cause principale de la progression des récidives.

D'après tous les criminalistes modernes, la loi pénale ne doit pas se borner à punir les coupables, elle doit chercher à prévenir le crime par la menace de la répression et donner aux condamnés tous les moyens de devenir meilleurs. Correction, intimidation, amendement, tels sont les trois caractères essentiels de la peine.

Il suffit d'être entré quelquefois dans une maison de détention pour savoir que l'emprisonnement, tel qu'il existe actuellement en France, ne présente aucun de ces caractères.

La prison ne punit pas et n'intimide pas les malfaiteurs, puisque la plupart de ceux qui en sortent n'éprouvent aucune répugnance à y rentrer et que le nombre des récidivistes augmente d'une année à l'autre.

La prison n'améliore pas, puisqu'il est reconnu par tous les hommes compétents que tout individu qui y a séjourné un certain temps en sort beaucoup plus mauvais qu'il n'y était entré. « Tout le

« monde reconnaît, écrivait M. Demetz, que nos
« prisons, loin d'être une garantie pour l'ordre so-
« cial, sont une plaie dévorante, un foyer de crimes
« et de contagion. Tout le monde reconnaît que
« l'accroissement progressif des récidives provient
« en très grande partie de l'usage établi de mettre
« ensemble et pêle-mêle les prisonniers de tout âge,
« de toute condition, de toute moralité : mélange
« de la plus haute imprudence, fréquentation dan-
« gereuse et féconde en toutes sortes d'abus hon-
« teux... C'est dans les prisons que se forment les
« grands criminels et se préparent les grands cri-
« mes ; c'est entre les libérés, se retrouvant à leur
« sortie, que se nouent ces horribles et mystérieu-
« ses associations dont la ruse et l'habileté mettent
« en défaut toute la vigilance de l'autorité. »

Telle est aussi l'opinion d'un homme qui n'a jamais passé pour réactionnaire et qui affirme connaître parfaitement les prisons pour les avoir visi-
tées assez souvent, en qualité de *locataire*.

« Qu'est-ce qu'une prison, demandait le prince
« Kropotchine, dans sa conférence du 20 décembre
« 1887? « C'est la privation de la liberté et l'impuis-
« sance du travail, la seule chose qui puisse sauver
« l'honneur perdu... Les malheureux qui sont en
« prison ne se considèrent pas comme de malhonnê-
« tes gens, mais comme des maladroits... L'homme
« qui a été en prison y retourne presque toujours ;
« c'est un fait parfaitement établi. Un tiers des
« meurtres, une moitié des vols sont commis par
« des hommes qui ont déjà passé par la prison....

« J'ai vu là des choses révoltantes; les enfants y
« suivent un régime qui les prépare à devenir sûre-
« ment plus tard un gibier de police correctionnelle
« et de cour d'assises, voire même d'échafaud, et
« c'est la société qui est le plus souvent responsable
« de ces hontes, parce que le meurtrier est son
« œuvre et qu'elle maintient à nos frais des univer-
« sités de dépravation. »

Il serait inutile d'insister sur ce point. On peut
affirmer aujourd'hui, sans être démenti par personne, que nos prisons ne sont bonnes, comme
disait M. de Martignac, ni pour corriger, ni pour
punir. Ce sont tout simplement des maisons de
force où l'on retient passagèrement les malfaiteurs
et où le crime ne manque ni d'encouragements, ni
de précepteurs.

Ce qui fait défaut surtout aux condamnés, c'est
la surveillance et l'assistance après leur libération.
Nulle part l'incurie du législateur n'a tourné au
détriment de l'individu et de la société comme en
France. Dans la plupart des pays voisins, les condamnés libérés trouvent partout quelque refuge où
l'infamie de leur passé n'empêche pas qu'ils n'obtiennent du travail et du pain. Il n'en est pas de
même chez nous. Les conséquences morales de
toute condamnation se font sentir longtemps après
que les effets légaux ont cessé. Le délit que ces
hommes ont commis un jour laisse des traces
qui déposent contre lui bien après l'expiation.

Malheureusement ce préjugé n'est que trop fondé.

L'espèce d'ostracisme qui frappe les libérés au sortir de la prison signifie que le condamné d'hier n'est nullement corrigé et qu'il est prêt à recommencer. Il en serait autrement si on le savait repentant et disposé à faire oublier sa première faute par une conduite meilleure.

L'idée de l'amendement est une idée moderne qui ne date guère que d'un siècle et se rattache directement au mouvement philosophique d'où est née la Révolution française. Sous l'ancien régime, la société s'acharnait contre le coupable ; elle s'ingéniait de toute manière à torturer son âme et son corps, mais nul ne s'inquiétait de travailler à le rende meilleur, à faire servir sa peine à son amendement.

Nos aïeux aimaient le bagne ; le bruit des chaînes plaisait à leurs oreilles. A l'homme qui avait commis un crime, la société ne devait, d'après eux, que l'infamie, et l'infamie ne pouvait être trop énergique, trop inhérente à la personne du condamné. L'exposition publique, la marque au fer rouge, leur paraissaient le moyen le plus sûr de perpétuer l'infamie.

Le même esprit avait présidé à la construction des anciennes prisons. Toutes avaient été bâties dans un but d'intimidation. Rien n'y était préparé pour améliorer l'état de l'âme et ramener le coupable au bien. Les malheureux qui y étaient entassés, mal vêtus, couchés sur la paille humide, y en-

duraient le froid, la faim et toutes sortes de privations.

Il y avait, d'ailleurs, une raison particulière pour
que l'attention publique ne se portât pas alors de
ce côté. Les maisons de détention antérieures à
1790, dont nous avons fait depuis des prisons pour
peines, n'étaient, comme du temps des Romains,
que des prisons préventives. *Carcer non est ad pu-
niendos, sed ad continendos homines.*

C'était, à proprement parler, des lieux de dépôt
où l'on gardait provisoirement, sous la main de
la justice, soit les accusés traduits devant les magistrats, soit les condamnés envoyés au supplice.
Il importait peu dès lors que les malheureux que
le gibet ou les galères attendaient fussent déposés
là plus ou moins longtemps, qu'ils fussent réunis
ou séparés, puisque tous devaient en sortir pro-
chainement.

Les inconvénients du système apparurent du
jour où l'emprisonnement fut établi comme peine
par la nouvelle législation criminelle. Aussi, la
première pensée du comité de législation, chargé
par l'Assemblée constituante d'étudier la question,
fût-elle d'appliquer la peine de l'emprisonnement à
chaque condamné individuellement, c'est-à-dire
« de la faire subir à tous dans des *cachots, gênes ou
prisons*, où ils seraient séparés les uns des autres,
aussi bien le jour que la nuit, pendant toute la
durée de leur détention. » L'Assemblée constituante
n'admit qu'en partie le système de son Comité,
mais elle admit le principe pour plusieurs catégories de condamnés.

Sous la Convention, on avait autre chose à faire que de travailler à la moralisation des détenus ; au lieu de les amender, on trouvait plus simple de les supprimer.

L'empereur Napoléon avait sur les prisons à peu près les mêmes idées que l'ancien régime, en ce sens qu'il croyait peu à l'amendement des condamnés. Les prisons restèrent donc ce qu'elles étaient avant 1790. Des condamnés de toute catégorie, de tout sexe et de tout âge encombraient les maisons de détention, devenues tout-à-fait insuffisantes. Cette population énorme, amoncelée pêle-mêle et sans ordre, en était réduite à attendre de la charité publique un complément indispensable de nourriture et de vêtements. Aussi la mortalité y était-elle considérable.

Le gouvernement de la Restauration songea plusieurs fois à modifier sur des données plus morales le régime intérieur des maisons de détention. Il existe de cette époque plusieurs circulaires où le ministre de l'intérieur recommande aux préfets « d'établir dans les prisons du royaume un régime qui, tout en corrigeant les habitudes vicieuses des condamnés, puisse les préparer, par l'ordre, le travail et les instructions religieuses et morales, à devenir des citoyens paisibles et utiles à la société. »

C'est principalement dans ce but que fut créée en

1819 la *Société royale des prisons*, à la tête de laquelle se trouvait l'héritier présomptif du trône.

Le duc d'Angoulême disait dans un discours prononcé à la séance d'inauguration de cette société: « Une grande tâche nous est imposée; améliorer le régime matériel des prisons est le moindre de nos travaux. Nos efforts doivent tendre à retremper, s'il est possible, des âmes dégradées par le vice et par de funestes passions. »

Dans les dernières années de la Restauration, la nécessité d'une réforme n'était plus mise en doute par personne et un illustre orateur, M. de Martignac, ministre de l'intérieur, ayant à s'expliquer sur les effets du système répressif appliqué en France, déclarait à la tribune que les critiques dirigées contre ce régime, n'étaient que trop fondées et que les prisons « punissaient sans corriger. » D'importants projets étaient à l'étude lorsque survinrent les événements de 1890.

L'avènement de Louis Philippe fut le signal d'un mouvement philanthropique poussé tout de suite à l'extrême. On était alors dans toute l'ivresse de la nouveauté. Les mots de liberté et de fraternité faisaient battre tous les cœurs. Le principe de la souveraineté du peuple venait d'être solennellement inscrit en tête de la constitution, et personne ne doutait qu'on ne dût en faire en toutes choses la plus large application. La clémence, la générosité, le pardon étaient à l'ordre du jour. On promettait au peuple des lois pénales douces et humaines, sans ce luxe de cruauté qui déshonorait la législation an-

cienne. Tout le monde devait avoir sa place dans
cette terre promise, même les condamnés, et il ne
serait venu à l'esprit de personne de contredire
cette opinion de Montesquieu que « les relâchements
viennent de l'impunité des crimes plutôt que de la
modération des peines. »

Plus de prisons! s'écriaient certains philanthropes qui n'avaient foi que dans leurs rêves. Les
condamnés sont plus malheureux que coupables...
La société est presque toujours complice de leurs
fautes ; son premier devoir est de régénérer des
âmes ignorantes ou égarées... L'instruction fera ce
miracle... Le travail, la réflexion, la lecture suffi-
ront à réformer le détenu ; en peu de temps nous
vous le rendrons repentant et corrigé.

Je n'en finirais pas si je voulais rappeler toutes
les extravagances économiques ou sociales qui se
débitaient chaque matin dans la presse et ailleurs.
La victoire des trois journées avait ramené sur la
scène l'opposition ultra-libérale et on reprenait avec
ardeur, mais en les exagérant, les généreuses idées
de 89.

Sous l'influence des idées nouvelles, une complète réaction devait également se produire en ce
qui concerne le régime des prisons. L'administration en était venue à faire aux condamnés une
existence si douce, que les maisons de détention
étaient devenues pour un grand nombre l'objet
d'une véritable convoitise. Plusieurs directeurs de
maisons centrales affirmaient dans leurs rapports
que ces maisons étaient regardées par les récidi-

 listes « comme d'excellents quartiers d'hiver et que beaucoup ne commettaient de nouveaux crimes que dans le but d'y rentrer. » En un mot, la position des condamnés était telle qu'elle devait faire envie à un grand nombre d'artisans honnêtes et laborieux, dont la vie n'est souvent qu'une suite non interrompue de privations et de sacrifices. La justice, se détournant de ses voies naturelles, avait abandonné les bons pour se concentrer sur les mauvais, sans songer à tant de malheureux qui succombent sous le fardeau de misères imméritées.

Un tel état de choses ne pouvait avoir d'autre résultat que d'augmenter le nombre des malfaiteurs en dénaturant complètement le but et le caractère de la répression. Des plaintes nombreuses s'élevèrent de toute part. C'est alors que le gouvernement, toujours attentif au mouvement de l'opinion publique et désireux de conjurer des dangers qui augmentaient tous les jours, se décida à aborder résolument la question pénitentiaire. Embarrassé dans le choix des remèdes qui lui étaient proposés, il voulut avant tout étudier attentivement les divers côtés de la question et interroger tous les éléments qui devaient en faciliter la solution.

Pendant que MM. de Tocqueville, de Beaumont et Demetz se rendaient en Amérique, d'autres éminents publicistes parcouraient l'Angleterre, l'Ecosse, la Belgique, la Hollande, l'Italie et autres parties de l'Europe, à l'effet de rechercher le meilleur système de répression pénale. D'autre part, des appels réitérés étaient adressés aux conseils généraux, aux sociétés savantes, aux facultés de médecine, aux directeurs des prisons, en un mot, à tous ceux qui pouvaient apporter en cette matière un avis consciencieux et éclairé. Partout le gouvernement rencontrait les encouragements les plus pressants. Publicistes, magistrats, conseils électifs, tous rivalisaient de zèle et d'ardeur pour faciliter sa tâche. C'est de cette grande enquête que sont sortis ces immenses matériaux que nous possédons aujourd'hui et sur lesquels on ne peut jeter les yeux sans éprouver un profond sentiment d'admiration et de respect.

On a pu dire avec raison que le règne de Louis-Philippe avait été l'âge d'or des études pénitentiaires.

Après plus de quarante séances, remplies par de brillantes discussions, une loi venait d'être votée par la Chambre des Députés et allait être portée devant la Chambre des Pairs, lorsque la tourmente de 1848 vint tout emporter, de même que la tourmente de 1830 avait emporté les projets de la Société royale des prisons.

Sous le second Empire, la question se trouva subitement écartée, en 1853, par la circulaire fantaisiste de M. de Persigny, ministre de l'Intérieur, déclarant que le système de l'emprisonnement cellulaire n'avait pas été suffisamment étudié et qu'il y avait lieu de s'en tenir pour le moment à la classification des détenus par quartier, classi-

fication qui, pour le dire en passant, n'a jamais été
sérieusement appliquée.

La question fut reprise en 1872, sur l'initiative
de quelques membres distingués du Corps législatif, en tête desquels il faut placer M. le comte
d'Haussonville, dont les belles études pénitentiaires sont connues de tout le monde. Une nouvelle enquête parlementaire s'ouvrit et tous les
anciens documents furent de nouveau interrogés,
étudiés, compulsés. Questionnaires, informations
de toute sorte, visites des lieux, missions à l'étranger, rien ne fut épargné pour aboutir à un résultat
sérieux. Mais lorsque arriva, en 1875, après deux
ans de travaux et de discussions, le moment de
conclure, on s'avisa que le Trésor n'était pas assez
riche pour entreprendre la reconstruction des prisons et qu'il pouvait y avoir de graves inconvénients à engager le pays dans une telle dépense.

On décida donc, malgré un éloquent discours de
M. d'Haussonville, de s'en tenir à un projet plus
modeste, consistant simplement à soumettre à
l'isolement, dans les prisons départementales, les
individus condamnés à un an et un jour d'emprisonnement ou à une peine inférieure, avec réduction
du quart sur la peine prononcée. C'était peu de chose
en vérité, mais le principe était du moins posé et on
avait calculé que dans trente ans au plus le régime
de nos prisons serait totalement transformé.

Voilà dans quelles circonstances intervint cette loi

du 5 juin 1875, que les hommes les plus compétents avaient jugée d'avance absolument insuffisante et qui n'a produit en réalité que des effets dérisoires.

L'honorable M. Bérenger, sénateur, a établi, lors de son interpellation au ministre de l'intérieur, au mois de janvier 1888, que sur 383 prisons départementales auxquelles devait s'appliquer la loi de 1875, seize ou dix-sept seulement avaient été transformées, et qu'il faudrait, d'après ce précédent, plus de quatre siècles pour mener à fin l'application complète de la loi. Le ministre de l'intérieur n'a pas contredit les assertions de l'éminent orateur ; il s'est borné à déclarer qu'il était tout disposé à étudier les moyens d'arriver à une meilleure application de la loi de 1875, qui, d'après lui, « n'en contenait pas moins en germe un grand et utile progrès. »

On reste vraiment confondu lorsqu'on pense que c'est à ce mince résultat qu'ont abouti tant de savants écrits, tant de consciencieuses enquêtes, tant de voyages coûteux, tant de remarquables rapports, tant d'éloquents discours. Loi du 5 juin 1875 ! c'est tout ce qui reste aujourd'hui des travaux de tous ces éminents esprits, les Tocqueville, les Beaumont, les Demetz, les Bérenger, les d'Haussonville et tant d'autres, qui ont attaché leurs noms à cette grande réforme.

Voilà bien l'esprit et le caractère français ! Notre

siècle en vieillissant est devenu de plus en plus
léger; il ne sait plus que discourir sur les affaires
de bourse et les questions politiques. Les grandes
questions de l'ordre moral nous trouvent indifférents ou hostiles; nous n'avons plus de goût que
pour le faux, l'exagéré, le chimérique. Il nous faut
la place publique, la grosse caisse, le tréteau, le
panache, le cheval noir, la parade.

Aujourd'hui tout est dit et le silence le plus profond a succédé aux grandes discussions de la tribune et de la presse. On ne paraît même pas se
douter des vives préoccupations dont cette importante question a été si longtemps le sujet. On cons-
truit de vastes casernes, de splendides maisons
d'école, de somptueux théâtres; on discute tous les
jours avec une ardeur nouvelle sur la révision de
la Constitution, sur la liberté de la presse, sur les
meilleures conditions du régime parlementaire, sur
l'assainissement des eaux de la Seine; mais qui
donc, parmi nos hommes d'État, pense à la réforme
pénitentiaire ? quel est celui qui songe à assainir
les prisons ? qui s'occupe de l'amélioration morale
des détenus, de leur âme, de leur avenir ? qui
cherche à disputer ces malheureux au crime, à les
ramener au bien, au travail, à la vertu, à éloigner
d'eux les causes de rechûte après leur libération ?

On a beau faire cependant, la réforme pénitentiaire est un de ces problèmes qui finissent toujours par s'imposer, malgré toutes les résistances.
Il faudra donc bien qu'on se décide enfin à l'abor-

der de front. Il s'agit ici non point d'une de ces
thèses d'économie politique sur lesquelles les dis-
sentiments sont permis, mais d'un grand danger
social qui appelle particulièrement l'attention des
pouvoirs publics. Le système répressif qui nous
régit a fait son temps. C'était, comme on l'a dit, le
régime d'une société qui ne songeait qu'à son repos
et écrasait sans pitié le coupable. Ce qui convenait,
il y a un siècle, ne suffit plus de nos jours : tout
marche, tout est emporté par le progrès des idées.
Aujourd'hui, une nouvelle conception de la société,
de ses droits et de ses devoirs, demande un nouveau régime pénitentiaire. Il n'y a plus qu'à rechercher les éléments nouveaux qui doivent amener
cette transformation.

En quoi consistent ces éléments ? quels sont les
moyens les plus sûrs pour arriver au but? Grave
question que je n'ai pas l'intention d'aborder ici et
qui a été traitée déjà bien souvent par d'éminents
spécialistes avec bien plus de talent et d'autorité
que je ne saurais le faire.

Les systèmes ne manquent pas; de nombreuses
expériences ont été faites chez plusieurs nations
voisines; qu'on choisisse le procédé qui pourra
sembler le meilleur, mais qu'on en finisse une fois
pour toutes avec ces timides essais, avec ces palliatifs impuissants, qui n'ont jusqu'ici donné que des
mécomptes.

On a supprimé les bagnes; on a introduit dans
le régime intérieur de nos maisons de détention

d'importantes *réformes* ; on a fait la loi de la rclé-gation, la loi de la libération conditionnelle et d'autres encore. Or, je le demande à tout homme de bonne foi, qu'ont produit toutes ces mesures, au double point de vue du mouvement de la criminalité et de la récidive ? Les récidivistes se moquent de la prison, de la libération conditionnelle et plus encore de la relégation. C'est à la racine même du mal qu'il faut s'attaquer, si on veut arriver à un résultat sérieux. Les hommes pervers qui persistent à troubler la société, malgré les avertissements de la justice, méritent sans doute d'être vigoureusement châtiés et mis dans l'impuissance de reprendre leur vie de désordre, mais à la condition expresse que la société leur fournisse les moyens de revenir au bien et que les maisons de détention ne soient pas transformées, comme l'a dit le prince Kropotkine, en une *université de dépravation.*

Il n'y a à cette situation qu'un seul remède : la réforme complète et générale de notre système répressif, embrassant à la fois toutes les classes d'établissements et toutes les catégories de prévenus et de condamnés, et non seulement des condamnés mais des libérés. Isolement du détenu, avec travail manuel ; visites fréquentes des membres de sociétés de patronage et des sœurs de charité; libération anticipée en cas de repentir et de bonne conduite; assistance et secours pour les libérés; déportation pour les incorrigibles : telles sont les bases sur lesquelles doit, selon moi, s'appuyer la réforme.

Mais ce qui importe surtout au succès du régime pénitentiaire, c'est la propagation des croyances religieuses. Tous les inspecteurs généraux que le gouvernement a consultés, ont été sur ce point d'un avis unanime. C'est par là seulement, d'après eux, qu'on peut espérer la réforme morale d'un certain nombre de condamnés; la discipline ne peut que lui préparer les voies.

« Le régime cellulaire, dit M. de Tocqueville, est
« de tous les modes d'emprisonnement le plus pro-
« pre à ouvrir les cœurs des détenus à cette in-
« fluence réformatrice... Dans ce système, le con-
« damné, isolé de ses pareils, écoute sans distrac-
« tion et retient sans peine les vérités qui lui sont
« enseignées ; le prêtre n'est pas pour lui un objet
« de dérision et de haine, sa seule présence est un
« grand soulagement de la solitude ; le détenu sou-
« haite sa venue et s'afflige en le voyant partir ».

Si ces lignes viennent à tomber, ce qui est peu probable, sous les yeux d'un des fameux docteurs du conseil municipal de Paris, il ne manquera pas de s'écrier : Toujours des sœurs ! toujours des prêtres ! Eh ! oui, messieurs, toujours des sœurs, toujours des prêtres, quand il s'agit de dévouement, d'abnégation et de sacrifice. Si vous avez quelque chose de mieux à nous proposer, parlez, nous vous écoutons. Jusqu'à preuve contraire, nous nous permettrons de penser qu'on arrivera de cette manière à de meilleurs résultats qu'en plaçant entre les mains des enfants, un jour de distribution de prix, les *Essais de Réforme sociale* de Blanqui, l'*Insurgé* do Jules Vallès, ou les *Mémoires* de Louise Michel.

Pour sauver et rachetor des hommes, il faut des hommes inspirés avant tout par le sentiment de la vertu et du devoir; des politiciens ne sauraient suffire à une telle tache. En résumé, la prison cellulaire constitue, quoiqu'on en puisse dire, un pas en avant dans la voie du progrés et de l'humanité. Voilà pourquoi elle est destinée à tuer la loi ancienne et à devenir la loi de l'avenir.

CHAPITRE III.

ABUS DES CIRCONSTANCES ATTÉNUANTES.

Les circonstances atténuantes ! C'est en cela, on peut le dire, que réside principalement la revision de 1832, revision bien plus profonde, bien plus radicale qu'on ne l'avait supposé tout d'abord.

Avant cette époque, le jury statuait tout simplement sur l'innocence ou la culpabilité de l'accusé. En cas de condamnation, les magistrats qui composaient la cour appliquaient au fait déclaré constant la peine édictée par le Code, mais, appréciateurs de l'indulgence ou de la sévérité que méritait le coupable, ils proportionnaient le châtiment à la gravité du crime, dans les limites du *maximum* et du *minimum* déterminés par la loi.

Aujourd'hui le jury, après avoir décidé la question de culpabilité, doit, en cas de déclaration affirmative, se demander s'il existe en faveur de l'accusé des circonstances atténuantes. Si ces circonstances sont admises, la peine est plus ou moins modifiée, en ce sens que la cour est obligée d'appliquer celle du degré inférieur et peut n'appliquer que celle du second degré. Ainsi, l'accusé déclaré coupable d'un crime entraînant la peine de mort, ne peut être condamné qu'aux travaux forcés à perpétuité et peut l'être à celle des travaux forcés à temps, qui varie de vingt à cinq ans; et cette atténuation est applicable à tous les condamnés indistinctement, même aux récidivistes.

Dans la pensée du législateur, la faculté inscrite dans le nouvel article 463, qui ne s'appliquait auparavant qu'aux délits correctionnels, devait avoir surtout pour effet, en adoucissant la répression, de la rendre plus égale et plus assurée et de racheter par un peu plus d'indulgence des chances trop nombreuses d'impunité.

Effrayé par la trop grande rigueur des châtiments, le jury pensait assez souvent qu'il lui était permis de nier les crimes les mieux établis, mais trop sévèrement punis par la loi. C'était la théorie de l'*omnipotence*, basée sur ce principe que, le jury étant souverain et irresponsable, avait le droit de faire tout ce qui lui convenait et n'avait de compte à rendre à personne au sujet de ses verdicts. L'application de cette théorie amenait tous les jours des acquittements scandaleux, qui soulevaient la conscience publique.

Le gouvernement pensa que le plus sûr moyen d'arrêter cet abus dans son principe était d'adoucir les sévérités de la loi et de donner à la conscience du jury le droit de se produire toute entière. Il fut question un instant de modifier complètement le code pénal, afin de le mettre d'accord avec les inspirations du moment, mais le temps pressait, l'opinion publique était inquiète, et il fallait en finir.

Reviser le Code, article par article ; établir un ensemble de pénalités nouvelles ; coordonner le

tout avec un nouveau système pénitentiaire dont
tout le monde reconnaissait l'urgence; différer indéfiniment l'étude d'une foule d'autres problèmes
politiques, économiques, financiers, qui s'imposaient de plus en plus chaque jour : c'était une œuvre colossale pour laquelle le temps et les lumières
manquaient également. On se borna donc à modifier quelques peines trop rigoureuses, à convertir
en délits quelques faits qualifiés crimes et à faire
porter la principale réforme sur un point : *l'admission des circonstances atténuantes en toutes matières correctionnelles et criminelles*

« Avec le nouveau droit attribué au jury, disait
le ministre de la justice dans son rapport de 1832,
la justice n'aura plus désormais à gémir sur des
acquittements contraires à l'évidence des charges
et auxquels l'énormité du châtiment servait de prétexte ou d'excuse. »

C'était une innovation hardie qui pouvait avoir
et a eu, en effet, pour la justice criminelle de graves
conséquences. Aussi ne fut-elle pas adoptée sans
hésitation par les criminalistes et le pouvoir législatif.

« Les conséquences de ce système sont faciles à
« prévoir, écrivait M. Chauveau : ou l'admission des
« circonstances atténuantes deviendra de style dans
« les déclarations du jury, et dès lors le but de la loi
« sera manqué; ou les jurés n'useront de cette fa-
« culté qu'avec une certaine réserve, et il en résul-
« tera une inégalité immense, une déplorable incer-

« titude dans les peines..... Pour peu que l'on ait
« observé le mouvement général des esprits, il est
« impossible d'y méconnaître un penchant forte-
« ment prononcé pour l'adoucissement des peines.
« Dans une pareille situation des idées, de quel
« immense levier la défense ne sera-t-elle pas armée?
« Dans quelle cause si grave ne trouvera-t-elle pas
« des circonstances atténuantes ?..... Si le jury n'use
« pas dans tous les cas de la faculté que la loi a
« mise à sa disposition, un plus grand désastre
« encore doit en résulter, suivant nous, dans l'ad-
« ministration de la justice. Tous les criminalistes
« conviennent que la certitude et l'égalité des peines
« sont plus puissantes pour prévenir les crimes que
« la rigueur des supplices. Mais quelle égalité,
« quelle certitude l'action répressive peut-elle offrir
« quand la loi devient vague et mobile, quand,
« dans chaque ville, à chaque session, dans chaque
« affaire, suivant les dispositions personnelles et
« changeantes des jurés, le même crime peut être
« puni de peines si différentes ? Plus de certitude
« dans la nature de la peine que doit entraîner un
« crime, plus d'égalité dans les peines réservées aux
« coupables d'un même crime. Dès lors le système
« pénal n'a plus de principe ni de fondement. »

Cette citation du livre de M. Chauveau résume
parfaitement les objections dirigées dès l'origine
contre le système des circonstances atténuantes.
Les mêmes préoccupations existaient dans les deux
Chambres. « Tâchons, disait un des principaux

orateurs de la Chambre des Jputés, de n'avoir pas
à rectifier plus tard les rectifications d'aujour-
d'hui. »

Un autre orateur, rapporteur de la loi à la Chambre des Pairs, tout en reconnaissant que la mesure était imprudente, ajoutait que « le législateur ne peut méconnaitre la puissance des faits, des mœurs et même des préjugés de l'époque où il vit. »

Parmi ceux qui votèrent l'article 463 du Code pénal, beaucoup, on le voit, ne se faisaient pas illusion sur le danger de cet essai ; mais, excités par ce que Bacon appelle « la piqûre du moment, » ils se laissèrent aller au courant et adoptèrent le projet du gouvernement.

Il est parfaitement démontré aujourd'hui que l'innovation de 1832 n'a été heureuse ni dans son principe, ni dans ses résultats.

En principe, elle a eu le tort de comprendre dans une formule générale tous les faits quelconques d'atténuation, sans rechercher quelle est leur nature, quel est leur caractère moral ; d'envelopper dans les mêmes dispositions toutes les excuses, les plus futiles comme les plus sérieuses, les plus justes comme les plus fausses ; d'attribuer à toutes les mêmes effets, la même efficacité. Une formule aussi générale, en confondant les bonnes et les mauvaises excuses, devait entraîner dans la pratique les abus les plus révoltants.

Le jury a usé de ce droit sans discernement, sans

mesure et souvent sous le moindre examen. L'admission des circonstances atténuantes est devenue une des formes habituelles de ses verdicts. Quel est, en effet, le procès où le juge ne puisse trouver ces circonstances, pour peu qu'il y mette de complaisance et de bonne volonté ? L'accusé est-il jeune ou vieux ? A-t-il des enfants déjà âgés ou des enfants en bas âge ? S'est-il borné à voler, alors qu'il pouvait assassiner ? A-t-il fait des aveux, même lorsqu'il a été pris en flagrant délit ? A-t-il témoigné quelque repentir, feint ou réel, de son crime ? A-t-il déjà subi une détention préventive d'une certaine durée ? Ce sont là pour ces excellents jurés, que l'intérêt social ne préoccupa guère, tout autant de causes d'atténuation dont ils s'emparent d'autant plus volontiers que la loi les met à leur discrétion absolue et ne leur demande pas de motiver leur décision. On sait le mot d'Alphonse Karr, à propos d'un individu déclaré coupable d'avoir assassiné sa sœur et de l'avoir ensuite coupée en morceaux, lequel avait obtenu du jury des circonstances atténuantes : « Je voudrais bien savoir où sont ces circonstances ? Est-ce parce que la victime était sa sœur, ou parce que les morceaux étaient petits ? »

Combien de décisions aussi étranges ont été signalées depuis lors pour des crimes encore plus atroces, que l'inconcevable indulgence des jurés a pour ainsi dire amnistiés !

Ainsi que je l'ai dit, le législateur de 1832, en édictant l'article 463, se proposait un triple but :

Donner au juge la faculté de graduer les peines d'une façon plus équitable et plus égale, non seulement selon la gravité du fait, mais aussi selon la moralité de l'agent ; adoucir la rigueur du code pénal, dans celles de ses dispositions qui paraissaient trop sévères ; diminuer le nombre des acquittements et laisser par conséquent moins de chance à l'impunité. C'était, en un mot, la réalisation de cette pensée de Montesquieu : Moins de sévérité dans les peines, mais plus de certitude dans la répression.

Il est juste de reconnaître que sur un point le législateur de 1832 a atteint son but, en ce sens que le nombre des acquittements a diminué assez sensiblement, surtout dans les premières années. Mais il est incontestable aussi que l'application du principe a été pour l'administration de la justice criminelle, ainsi qu'on l'avait prévu, la source des plus graves abus.

En 1833, année qui a suivi la promulgation de la loi, on comptait 1785 déclarations de circonstances atténuantes sur 4105 condamnations.

```
En 1834, 1875 sur 4164 condamnations
En 1835, 2049 sur 4407      —
En 1836, 2472 sur 4623      —
En 1837, 2675 sur 3855      —
En 1838, 2775 sur 4087      —
```

Ces chiffres établissent qu'au début même de l'application de l'article 463, le jury a usé de son droit d'une façon exagérée et que cet abus n'a fait que s'étendre d'une année à l'autre, à tel point qu'au bout de six ans le nombre des condamnés pour lesquels les circonstances atténuantes avaient été admises s'était accru de 1000 environ.

Il résulte du dernier compte rendù quinquenal, comprenant la période de 1881 à 1885, que sur 2900 accusés reconnus coupables de crimes, 2143, soit les trois quarts, ont obtenu la même faveur.

Cette proportion s'est encore élevée dans ces dernières années. Elle a atteint en 1887 :

> 76 % en matière d'attentat à la pudeur,
> 79 % en matière de viol,
> 83 % en matière d'assassinat,
> 86 % en matière de parricide.

Quant aux crimes de faux, d'incendie, de banqueroute, d'infanticide, les circonstances atténuantes sont admises à peu près dans toutes les affaires.

Parmi les crimes qui participent dans les plus larges proportions à l'indulgence du jury, on remarque avec une douloureuse surprise les attentats contre les mœurs et le parricide.

Il résulte de là que le chiffre proportionnel de ces sortes de déclarations est presque toujours en raison directe de la gravité du crime. Je sais qu'on explique ces résultats par l'extrême sévérité des peines attachées par la loi à certaines infractions, mais cette extrême sévérité de la peine n'est-elle pas justifiée par l'extrême gravité de l'infraction elle-même ?

D'une manière générale, on peut dire que la

peine n'est exemplaire, et par conséquent préventive, qu'à la condition d'être strictement fixée
d'avance et de ne pas ouvrir un trop vaste champ
aux secrètes espérances du coupable. L'homme
qui est disposé à commettre un crime se pose ins-
tinctivement ces deux questions : Serai-je découvert ? et si je suis découvert, que peut-il m'arriver ?
Un calcul s'établit dans sa pensée entre la satisfaction que peut lui procurer le crime et le danger
qui peut en résulter pour lui. Sa détermination de
faire ou de s'abstenir est le résultat de ce calcul.
La pensée de la peine à laquelle il s'expose a naturellement sur sa volonté une influence prépondérante. Si la peine est faible, l'homme passéra
outre, même avec la crainte d'être découvert, par
la raison que la satisfaction qu'il attend du crime
sera plus grande à ses yeux que la crainte du châtiment. Si, au contraire, il sait que le peine est
sévère et qu'il conserve peu d'espoir de la voir atténuer, il réfléchira sérieusement avant de se décider.

Ces observations s'appliquent à tous ceux qui
violent la loi et s'exposent à des poursuites judiciaires ; mais c'est surtout au point de vue de la
récidive qu'elles offrent une importance particulière. Pour les individus déjà frappés par la justice,
la peine ne produit de l'effet que par sa certitude
et sa sévérité. A ce point de vue, l'article 463, qui
permet d'appliquer, même aux récidivistes, le bénéfice des circonstances atténuantes, n'a pu produire
que des effets détestables. Aussi, le nombre des

récidivistes, qui n'était en 1832, crimes et délits compris, que de 7.300 environ, s'est-il élevé dans ces derniers temps à plus de 90.000. D'autres causes ont pu sans doute contribuer à cette énorme progression, mais il serait difficile de n'y pas voir aussi l'influence de la nouvelle expérimentation.

En résumé, on peut dire que, par suite de la mauvaise application du principe adopté en 1832, le but de la réforme a été complètement manqué.

Le législateur aurait voulu que l'atténuation fût une exception ; le jury en a fait la règle.

Le législateur avait attaché beaucoup plus de gravité au crime contre les personnes qu'à ceux atteignant la propriété ; c'est aux premiers que le jury a prodigué son indulgence, réservant toute sa sévérité pour les seconds. Pour éloigner l'échafaud d'un parricide, d'un empoisonneur, d'un scélérat qui n'a pas craint de recourir à l'assassinat et quelquefois à plusieurs assassinats pour arriver au vol, les jurés ne craignent pas de proclamer fréquemment, en présence du public indigné et de la magistrature stupéfaite, l'existence des circonstances atténuantes.

Le principe des circonstances atténuantes est cependant excellent en lui-même, puisque c'est le seul moyen d'arriver à une meilleure distribution de la peine, de ramener la répression à une juste mesure, d'établir une proportion plus exacte entre

lo fait criminel et le châtiment, en un mot, de trouver tout ce qui a été toujours considéré jusqu'ici
comme le problème le plus difficile de la justice
humaine : les deux termes de l'équation pénale.
Mais ce n'est point par le système adopté par le législateur de 1832 qu'on arrivera à cet heureux résultat. Il faudra pour cela recourir à une autre formule qui soit de nature à concilier les intérêts de
l'accusé et les droits trop étendus du juge.

Divers moyens ont été mis en avant pour arriver
à la réalisation de cette pensée.

Plusieurs criminalistes ont proposé d'enlever au
jury et de rendre à la magistrature le droit de déclarer les circonstances atténuantes, Ils se fondent
sur ce que l'existence de ces circonstances ayant
pour résultat l'atténuation de la peine et le droit de
déterminer le degré de la peine, n'appartenant qu'à
la cour d'assises, c'est à la cour seule, par voie de
conséquence, que devrait appartenir le droit de les
constater.

Cette argumentation ne manque pas de force,
mais je suis convaincu qu'on trouverait difficilement aujourd'hui, soit à la Chambre des Députés,
soit au Sénat, la majorité nécessaire pour appuyer
une telle innovation. Il en est des circonstances
atténuantes comme du jury : le principe est entré
profondément dans nos mœurs et il faut savoir l'accepter comme un fait accompli.

Pour mon compte, j'ai moins d'ambition et je me

bornerai à demander que la loi soit modifiée sur deux points :

1° Que le bénéfice des circonstances atténuantes soit refusé aux accusés qui ont déjà subi une condamnation pour crime ;

2° Que le jury, en admettant les circonstances atténuantes, soit obligé d'indiquer dans son verdict en quoi consistent ces circonstances.

Ces deux réformes ne présentent aucune difficulté pratique et elles suffiraient pour couper court à la plupart des abus dont on se plaint.

Le refus des circonstances atténuantes aux récidivistes déjà condamnés pour crime dérive de la nature même des choses et de l'ordre logique des idées. Par elle-même la récidive est une cause d'indignité exceptionnelle. Fixer des limites au pouvoir du juge à cet égard serait restituer à la loi pénale, qui a toujours fait une grande différence entre un récidiviste et un accusé poursuivi pour la première fois, toute son autorité. Non seulement la réforme aurait pour effet d'amoindrir un mal devenu de plus en plus redoutable en diminuant le nombre des récidives, mais elle ferait entre la loi et le juge un partage de pouvoir plus prudent et plus judicieux.

Quant à l'obligation imposée au jury d'indiquer les circonstances qui lui paraissent de nature à atténuer le fait incriminé, elle ne serait que l'application de ce principe de droit qui veut que tout arrêt de justice soit motivé et que ces motifs soient énoncés publiquement. L'obligation de motiver les jugements est une garantie fondamentale ; elle commande le recueillement et la réflexion et donne au juge un sentiment plus vif de sa responsabilité. On ne songerait pas à dispenser le juge de motiver une condamnation ; pourquoi ne pas donner cette garantie à l'intérêt social, quand il s'agit de faire fléchir les rigueurs de la loi ?

Aujourd'hui les jurés atténuent sans raison et sans mesure, pour le seul plaisir d'atténuer et de faire acte d'omnipotence. Il en serait tout autrement, on peut en être certain, s'ils étaient tenus de faire connaître publiquement les motifs de leurs décisions.

On peut objecter, il est vrai, que les circonstances atténuantes, par cela même qu'elles sont de leur nature vagues et indéterminées, échappent souvent aux constatations de l'instruction écrite et ne se produisent qu'aux débats.

L'objection me paraît plus spécieuse que fondée. Le plus souvent, en effet, l'instruction écrite révèle les faits d'atténuation qui peuvent être invoqués par l'accusé: Son jeune âge, sa bonne conduite antérieure, son degré d'instruction, l'honorabilité de sa famille, son degré d'intelligence, etc.; ce sont là tout autant de faits que la procédure peut saisir et sur lesquels doit se porter la sollicitude du juge d'instruction. Le jury aura donc entre les mains tous les éléments nécessaires pour statuer en pleine connaissance de cause. Toutes les fois qu'il sera interrogé par son chef sur ce point, il n'aura qu'à répondre, en cas de verdict affirmatif : Oui, il existe des circonstances atténuantes en faveur de l'accusé, résultant de son jeune âge, de ses bons antécédents, etc.

Les circonstances atténuantes résultent-elles des débats ? dans ce cas, le défenseur n'aura qu'à appeler sur l'existence de ces circonstances l'attention du jury et à demander qu'elles soient énoncées dans le verdict. Le président de la cour d'assises se fera, de son côté, un devoir d'appuyer à cet égard les observations de l'avocat.

Les deux innovations que je viens d'indiquer seraient de nature à raffermir la répression et à rendre plus efficaces les dispositions de la loi relatives à la récidive, qui tendent chaque jour à s'énerver. Voilà pourquoi je les recommande particulièrement à l'attention du futur législateur.

CHAPITRE IV.

ENSEIGNEMENT PRIMAIRE.

Depuis un assez grand nombre d'années, la question de l'enseignement surexcite au plus haut degré l'opinion publique.

Il ne faut pas s'en étonner : les lois sur l'enseignement sont de celles qui ont, à toutes les époques, éveillé le plus violemment les passions dans tous les pays. Lois difficiles et considérables dans tous les temps, mais qui rencontrent dans le nôtre des complications inattendues. Ce sont là, en effet, plus que des lois ordinaires, ce sont presque des institutions où se révèle l'esprit d'un peuple et d'un gouvernement.

Au fond, c'est toujours cette vieille querelle du clergé et de l'Université, en d'autres termes, de l'Eglise et de l'Etat, si souvent débattue dans le cours de notre histoire et à laquelle on n'a pas encore trouvé de solution.

Toutes les fois que la question s'agite, ce sont de part et d'autre les mêmes colères, les mêmes accusations passionnées. D'anciennes rancunes, qu'on pouvait croire éteintes après tant de révolutions, se rallument tout-à-coup et la lutte recommence avec une ardeur nouvelle.

Il est difficile, d'ailleurs, qu'il en soit autrement entre adversaires qui partent de principes et de points de vue absolument opposés.

Les partisans de l'enseignement catholique sou-
tiennent qu'à l'Eglise seule il appartient d'arrêter
et de proclamer des doctrines, et que telles sont
sur ce point les prérogatives attachées à sa souveraineté, qu'elle a le droit et la mission de surveiller tout ce qui s'enseigne « en dehors d'elle
comme en dedans ». Ils déclarent donc faux et
mensonger tout ce qui est contraire à l'enseignement de l'Eglise, que la contradiction vienne de la
science ou de la philosophie.

De leur côté, les partisans de l'enseignement de
l'Etat se plaignent sans cesse qu'on cherche à bri-
ser dans l'enseignement cette grande unité, héritage de l'ancienne monarchie, acceptée et agran-
die par l'empereur Napoléon. C'est la prépondérance de l'Université qu'ils ont constamment en
vue dans toutes leurs conceptions. Ils se plaisent
à la voir distribuant souverainement aux âmes les
trésors de la science. Les tentatives d'affranchis-
sement ne sont autre chose à leurs yeux qu'un
larcin tenté au préjudice de leurs anciennes prérogatives. Les établissements libres qui se forment
à côté des établissements universitaires ne sont
que des usurpations que l'Etat a le droit de supprimer.

Ce qui rend encore de telles lois difficiles à faire,
c'est qu'on les aborde de part et d'autre avec une
arrière-pensée mal dissimulée, dont on trouve la
trace dans les esprits les plus sages et les plus
modérés.

Il y a, dans tous les partis, les habiles, qui ne

disent qu'une partie de ce qu'ils pensent, quand ils ne disent pas le contraire, et les violents, qui ne connaissent pas les ménagements et expriment franchement toute leur pensée. Or, tandis que dans le camp universitaire les habiles se déclarent pleins de respect pour la liberté de conscience et les droits de l'Église, les violents prétendent qu'il faut en finir au plus vite avec l'Eglise et que le meilleur moyen d'arriver à ce résultat est de lui enlever toute influence dans l'éducation de la jeunesse.

Le parti catholique a beau dire, de son côté, qu'il reconnaît les droits de l'Etat et la compétence du pouvoir civil en matière d'enseignement ; en réalité, il a l'Université en grande défiance et n'entend pas être sa vassale. Ce n'est point un auxiliaire qu'il voit dans l'Université, c'est un ennemi.

C'est dans les mêmes conditions qu'ont été proposées et discutées les diverses lois scolaires qui nous régissent aujourd'hui. Il est tout donc naturel que les mêmes passions que la question avait suscitées autrefois, aient fait de nouveau explosion dans cette circonstance.

Quoi qu'il en soit, près de dix années se sont écoulées depuis l'application de ces lois, et je crois que le moment est venu de rechercher ce qu'elles valent en principe et quels résultats elles ont donné.

Mais j'ai besoin, avant d'aborder cette discussion, de vider d'abord ce que j'appellerai la *question personnelle*.

J'appartiens, je me hâte de le dire, non seulement par mon âge et mon éducation, mais par mes plus chers souvenirs à cette génération de 1830 pour laquelle le libéralisme était une sorte de religion et qui avait la faiblesse, peu connue des hommes d'aujourd'hui, de vouloir la liberté pour tout le monde, même pour ses adversaires. Temps de jeunesse, d'enthousiasme, de passions généreuses que nos descendants ne reverront peut-être jamais, et auquel l'histoire, dans son impartialité, consacrera sans nul doute une de ses meilleures pages.

Cette génération de 1830, tout en admirant les grandes conquêtes de la Révolution française, n'en respectait pas moins sincèrement tout ce qu'il y a de fécond et d'utile dans les institutions du passé et savait rendre à César ce qui est à César et à Dieu ce qui est à Dieu. Elle entendait faire à l'Eglise la part qui lui revient légitimement dans les affaires de ce monde, mais sans lui sacrifier jamais les droits de l'Etat et ceux de la société civile. Au lieu de recourir aux persécutions religieuses, elle cherchait à réconcilier entre elles ces deux grandes puissances, non par une soumission et une subordination humiliantes pour l'une ou l'autre, mais dans la liberté du droit commun.

Ces principes sont ceux que j'ai toujours professés en cette matière ; ce sont ceux que je professe encore aujourd'hui, et je prévois que je mourrai à cet égard, comme l'illustre Lacordaire, « dans l'impénitence finale. »

Ce n'est donc pas en « clérical, » dans le sens

qu'on donne aujourd'hui à ce mot, ni en « demeurant d'ancien régime », pour me servir de l'expression de Chateaubriant, mais en « vieux libéral, » que je viens dire loyalement et consciencieusement toute ma pensée sur la loi scolaire actuelle, en comprenant dans ce mot l'ensemble des lois sur l'enseignement votées depuis l'établissement du gouvernement républicain.

Cette loi scolaire est-elle une loi libérale ? Est-elle supérieure à celles qui l'ont précédée ? Répond-elle à un intérêt sérieux ? Est-elle conforme aux besoins de la société moderne ? J'entre droit en matière et sur tous les points je réponds hardiment : Non !

A mes yeux, la loi scolaire actuelle n'est ni une loi de progrès, ni une réforme de bon aloi ; c'est une loi antipolitique, antidémocratique, antilibérale.

Elle est antipolitique, parce que, au lieu de pacifier et d'unir, elle a jeté dans les populations de nouveaux ferments d'irritation et de haine; parce que, au lieu d'établir l'unité dans l'éducation nationale, elle enrôle les jeunes générations, dès l'enfance, dans des rangs opposés et leur enlève cette communauté des premières affections qui est le nerf du patriotisme.

Elle est antidémocratique, parce qu'elle viole le principe de l'égalité, en plaçant sur la même ligne, au point de vue de la gratuité, les familles riches et les familles pauvres ; parce que, tout en imposant aux communes de nouvelles charges, elle les dépouille de tous les droits qui leur étaient attribués par les lois anciennes; parce qu'elle fait de l'instituteur un subordonné du pouvoir politique et lui enlève ainsi son indépendance et sa dignité.

Elle est antilibérale, parce que, contrairement au principe de la vraie liberté, qui vit de tolérance, de modération et de concessions réciproques, elle a introduit dans l'enseignement des procédés violents et oppressifs jusqu'alors inconnus ; parce que, en éliminant de la loi le nom de Dieu, auteur et principe de la loi, elle a soulevé non seulement les consciences catholiques, mais les consciences simplement religieuses.

Le grand tort des auteurs de la loi a été de ne pas comprendre que le principe de l'obligation, introduit dans la loi nouvelle, rendait nécessaires de larges concessions vis-à-vis de ceux qui ne partageaient pas leurs idées politiques et religieuses. Les deux Chambres ont fait preuve, sous ce rapport, d'un esprit d'exclusivisme et d'intolérance qu'il est impossible de justifier. Le Sénat lui-même, ordinairement si calme et si mesuré, a montré une ardeur, un emportement qu'on excuserait à peine chez des hommes jeunes. Il a repoussé successivement tous les amendements proposés par la Droite, même les plus modestes et les plus anodins, depuis l'amendement de M. Jules Simon, qui demandait que l'enseignement comprît « les devoirs envers Dieu et envers la patrie, » jusqu'à celui de M. Batbie, qui ré-

clamait l'autorisation pour l'instituteur, *dans le cas
où il y consentirait*, de donner dans les locaux scolaires, en dehors des heures de classes, l'enseignement religieux aux enfants *dont les parents en fe-
raient la demande.* Il en a été de même de l'amendement de M. Waddington, qui se bornait à demander que les écoles puissent vaquer un jour par se-
maine, afin de permettre aux parents qui le désire-
raient de faire donner à leurs enfants l'enseignement religieux, tout en subordonnant l'exercice de
ce droit à des autorisations qui, dans la plupart
des cas, l'auraient rendu impossible.

C'est ainsi qu'on en est arrivé à créer cette loi de
combat, qui a immédiatement partagé le pays en
deux camps et soulevé dans une grande partie de
la population de si vives protestations.

Je me suis expliqué sur le principe; voyons maintenant les résultats.

En proposant les diverses lois relatives à l'enseignement, le gouvernement avait fait trois déclarations importantes. Il avait déclaré :

1° Qu'en réclamant la laïcisation de l'enseignement, il voulait arriver seulement à la « neutralité
de l'école, » c'est-à-dire à la séparation de l'ensei-
gnent laïque et de l'enseignement religieux; que
l'enseignement public serait *neutre*, mais jamais
hostile aux croyances religieuses ;

2° Qu'on le trouverait toujours disposé à faciliter
de tout son pouvoir aux familles les moyens de
donner aux enfants, en dehors de l'école, tel enseignement religieux qu'elles pourraient désirer.

3° Qu'en excluant de l'école l'enseignement religieux confessionnel, il considérait comme obligatoire *l'enseignement moral* proprement dit, au même titre que l'enseignement civil, et que cet enseignement moral serait toujours l'objet principal de ses préoccupations.

Il n'est pas sans intérêt de savoir comment se sont expliqués sur ces divers points les orateurs du gouvernement.

1ᵉʳ POINT. — *Neutralité de l'école.*

Le gouvernement apporte dans toutes ces matières une entière bonne foi. Il veut l'école libre, l'école neutre, l'école affranchie, mais non irréligieuse. L'irréligion d'État, le fanatisme à rebours, nous le repoussons autant que vous..... L'irréligion d'État ne doit pas prendre la place de la religion d'État. C'est pour conserver ce domaine de l'État, c'est pour établir à tout jamais la paix entre deux influences rivales, que le gouvernement vous a proposé et que vous avez consenti à voter la séparation de l'École et de l'Église.

(Discours de M. Jules Ferry, ministre de l'Instruction publique, séance du 14 mars 1882.)

L'honorable M. Buffet me demande ce que fera le gouvernement si l'enseignement neutre, qui doit être et rester neutre dans les écoles publiques, devient un enseignement irréligieux et contient des attaques contre la religion catholique, contre la religion de la majorité des élèves. La réponse est très simple. Le premier devoir du législateur qui institue l'école neutre, notre devoir à tous, le devoir du ministre et du gouvernement qui feront appliquer la loi, sera d'assurer de la manière la plus sévère la neutralité de l'école. Par conséquent, si un instituteur public s'oubliait assez pour donner dans son école un enseignement hostile, outrageant contre les croyances

religieuses de n'importe qui. il serait aussi sévèrement
réprimé que s'il avait commis cet autre méfait de battre
ses élèves et de se livrer contre eux à des sévices coupables.

(Discours de M. Jules Ferry à la séance du Sénat du 10 mars 1882).

2me POINT. — *Enseignement religieux en dehors de
l'Ecole.*

Le gouvernement entend faciliter par tous les moyens
en son pouvoir l'exécution, l'accomplissement de ce vœu
de tant de familles françaises qui, comme vous avez raison
de le dire, entendent que leurs enfants reçoivent, comme
une sorte de sacrement à la fois civil et religieux, la
première communion.... Oui ! nous connaissons cette disposition des populations françaises ; notre sentiment est
absolument conforme aux sentiments de cette nation qui
(il ne faut pas cesser de le redire) est aussi énergiquement
anticléricale qu'elle est peu antireligieuse.

(Discours de M. Jules Ferry, séance du 14 mars 1882.)

3me POINT. — *Enseignement moral.*

Les devoirs envers soi-même, envers la famille, envers
la société et la patrie ; les notions du droit et du devoir
des citoyens ; les idées de liberté, de justice et de fraternité ; le sentiment du beau, du vrai et du bien ; l'étude des
facultés de l'esprit, si souvent dominées par les faiblesses
du caractère et du cœur ; les préoccupations invincibles
du sort réservé à l'homme ; cette espérance philosophique
ou religieuse que l'homme s'achemine et monte vers des
destinées meilleures en raison du bien qu'il accomplit ; les
devoirs envers Dieu ; voilà les traits principaux de la
morale que l'Etat se propose d'enseigner dans ses écoles,
morale qu'on appelle laïque, parce qu'elle ne doit être ni
ecclésiastique, ni confessionnelle. Avec ces notions fondamentales, qu'un programme parlementaire précisera et
développera, que la leçon de chaque jour pourra rendre
saisissantes, l'Etat, qui assure à tous la liberté de conscience

et veut garder la neutralité, se réserve d'enseigner les millions d'enfants fréquentant ses écoles en tout ce qui peut les unir, en rien de ce qui peut les diviser. Il est dans son rôle..... Voilà l'enseignement que nous donnerons à l'enfant. Dans ses rapports avec la famille, avec ses concitoyens, et aussi avec ce monde qu'on appelle le monde spirituel, nous lui apprendrons tout ce que sa jeune intelligence peut accepter... Puis, vous aurez pour l'enseignement religieux la liberté la plus absolue.

(Extrait du rapport de M. Ribière au Sénat.)

Telles sont les déclarations faites devant le Sénat par le ministre de l'instruction publique et le rapporteur de la loi. Elles constituent de solennels engagements pris par le gouvernement vis-à-vis des familles.

Il n'entre pas dans mon plan d'examiner ce qui a été fait au point de vue de la neutralité de l'école et des facilités données aux familles pour l'enseignement religieux en dehors de l'école. Je m'en tiendrai à l'examen du troisième point, celui relatif à l'enseignement moral.

Il résulte des citations qui précèdent que, dans la pensée du législateur, l'enseignement moral devait comprendre ces grandes notions philosophiques, communes à toutes les religions, qui ont pour objet de préparer à la société des hommes et des citoyens en état de servir honorablement leur pays dans toutes les carrières auxquelles ils pourraient être destinés. Il faut, comme l'a si bien dit un illustre philosophe, que l'enfant, avant de quitter l'école, sache ce que c'est véritablement que d'être homme, quelles lois gouvernent à son insu son esprit et son cœur, quelle est cette âme qu'il sent battre dans son sein, quelle est cette sainte loi du devoir que nous n'avons point faite et qui nous est imposée, quelle est cette merveilleuse liberté morale qui a été donnée à l'homme seul, cette raison qui, malgré ses imperfections et ses limites, est pourtant capable de concevoir et de pressentir l'Être infini, invisible aux yeux, mais présent dans l'âme, Père de l'homme, Créateur et législateur, témoin de la vertu, juge du crime et arbitre suprême des sociétés.

A ces grandes vérités, sans lesquelles aucune société n'est possible, qu'elle s'appelle monarchie ou république, se rattachent nécessairement l'immortalité de l'âme, la divine Providence, la vie future ; toutes choses formant cette admirable doctrine, acceptée par toutes les confessions religieuses et constituant en quelque sorte le patrimoine de l'humanité, qu'il importe de déposer, dès l'enfance, dans l'âme et l'intelligence de tous les hommes.

Et qu'on ne croie pas qu'un tel enseignement soit au-dessus de la portée des jeunes intelligences. La conscience s'éveille chez l'enfant dès les plus tendres années ; il saisit et comprend, dès que la raison commence à se développer chez lui, tout ce qui est bien ou mal, tout ce qui est juste ou injuste ; sa jeune âme n'étant pas encore troublée par les accidents de la vie extérieure. Il comprendra cet enseignement aussi bien que celui du calcul, de la géographie ou de l'histoire, pourvu que le tout lui soit présenté avec clarté et simplicité. Il ne faut pour cela que de la sincérité et du cœur, ce qui est l'affaire du maître.

Le programme tracé par les orateurs du gouvernement est à peu près irréprochable et pourrait satisfaire les familles qui consentent à accepter l'enseignement laïque séparé de l'enseignement religieux.

Malheureusement, les actes n'ont guère répondu aux paroles, et c'est avec une véritable stupéfaction qu'on compare aujourd'hui ce qui est à ce qui devrait être.

L'enseignement moral a-t-il été réellement donné dans les écoles publiques, conformement aux engagements des représentants de l'État ?

Pour résoudre la question, nous n'avons qu'à consulter un document officiel dont on ne saurait suspecter ni la sincérité ni l'impartialité.

Le ministre de l'instruction publique a voulu savoir, l'année dernière, quels avaient été les résultats de l'application des lois scolaires votées dans ces dernières années ; il a été procédé, en conséquence, à une grande enquête sur l'état de l'éducation morale dans les écoles primaires, et on a demandé aux inspecteurs d'académie, aux inspecteurs primaires, aux directeurs et aux directrices d'écoles normales d'envoyer leurs rapports sous forme de réponse à des questions qui leur étaient posées. Puis, ces rapports une fois réunis (il y en a jusqu'à 158), le soin de les analyser et de les résumer a été confié à un haut fonctionnaire de l'enseignement public, M. Lichtenberger, doyen de la Faculté protestante de Paris.

Il suffira de donner une courte analyse de ce consciencieux travail pour montrer comment ont été comprises et appliquées les dispositions de la loi scolaire :

Autrefois, dit le rapporteur, l'enseignement religieux et l'enseignement moral étaient si bien identifiés que la suppression de l'un a amené la suppression de l'autre, dans l'esprit d'un très grand nombre d'instituteurs. Aussi, y a-t-il des régions entières où dans l'école, malgré la loi, il n'existe plus en fait d'enseignement moral.

Un inspecteur écrit :

Dans soixante pour cent des écoles de ma circonscription, l'éducation morale est à peu près nulle. La leçon dure de trois à cinq minutes, et c'est toujours une leçon de morale utilitaire, bien rarement une morale élevée.

D'autres inspecteurs répondent :

L'enseignement moral n'existe pas dans les écoles de ma circonscription. L'enseignement de la morale n'est ni compris ni donné ; la capacité et surtout les convictions manquent au plus grand nombre des maîtres...... Dans les trois quarts des écoles, c'est à peine si, par hasard, le maître saisit l'occasion d'une lecture pour adresser une recommandation pratique à ses élèves.

Au dire d'un autre :

Les instituteurs ont adopté un manuel de morale et le font réciter machinalement.....
Beaucoup confondent l'éducation morale avec l'éducation civique. Quelle leçon de morale avez-vous donnée aujourd'hui à vos élèves, demande un inspecteur. Et le maître de répondre : Nous avons étudié les attributions du conseil municipal.

Voilà où nous en sommes en France, en fait d'enseignement public, après plus d'un demi-siècle d'études, de discussions et de controverses ! Des milliers d'enfants sortent chaque année, depuis près de dix ans, des écoles publiques, sans avoir reçu aucune notion sérieuse, je ne dis pas de morale religieuse, mais seulement de morale philosophique. Ils ignorent leurs devoirs envers Dieu, envers la société, envers eux-mêmes ; en un mot, toutes ces grandes choses dont parlait le rapporteur de la loi de 1882 devant le Sénat et que M. Jules Simon voulait qu'on enseignât sans cesse à l'enfant, « depuis le jour où il entre dans l'école jusqu'au jour où il en sort, et depuis l'heure matinale où il met le pied dans la classe en saluant son maître jusqu'à celle où, le travail de la journée étant fini, il retourne dans sa famille le cœur content et voyant enfin le soleil. »

On a dit souvent avec raison que toute institution devait se juger par ses effets et que les faux principes avaient toujours des conséquences fatales. Dans ce cas, la loi scolaire actuelle ne saurait être jugée trop sévèrement. On regarde autour de soi, on cherche la récolte dans le champ qu'on a ensemencé, et il se trouve que les choses se sont passées au rebours de toutes les prévisions et de toutes les espérances. Cette loi scolaire, qui devait, d'après les auteurs de la loi, transformer et régénérer les jeunes générations, n'a produit, en réalité, que des mécomptes et des déboires.

Faut-il s'étonner si, en présence de tels résultats,

les pères de famille, privés de ce qui faisait la garantie, la force et l'avenir de l'ancien enseignement
public, de ce qui forme le droit des enfants dans
tous les cultes, se décident à prendre, leurs enfants
à la main, le chemin des écoles congréganistes.

Après tout, ce qui arrive était facile à prévoir et
avait été, en effet, prévu par la plupart des orateurs
qui ont combattu les lois scolaires.

Rien n'est plus facile assurément que d'insérer
dans un texte de loi une disposition comme celle-
ci : « L'enseignement comprend l'instruction civile
et morale » ; ce qui est plus difficile, c'est de déterminer en quoi consistera cette éducation civile et
morale et surtout de trouver des professeurs de
morale.

D'après la loi, c'est à l'instituteur seul que peut
être confiée aujourd'hui cette tache, puisque la porte
de l'école est rigoureusement fermée à tous les mi-
nistres du culte, à quelque confession qu'ils appartiennent. Or, comment se compose le corps actuel
des instituteurs ?

Les uns — c'est le plus petit nombre — ont encore
des croyances chrétiennes. Ils ne connaissent que
la morale de l'Evangile, mais ils se garderaient bien
de l'enseigner, puisque l'Evangile est à *l'index* dans
les régions officielles et qu'ils s'exposeraient à une
révocation immédiate.

Les autres sont athées, matérialistes, naturalistes,
francs-maçons, que sais-je encore ! On ne peut raisonnablement leur demander d'enseigner des doc-

trines que leur raison repousse et qui ne leur inspirent qu'un profond dédain. Tout ce qu'on peut leur demander, c'est de se taire, et c'est ce qu'ils font généralement, j'aime à le croire, au grand profit des jeunes intelligences qui leur sont confiées.

La troisième catégorie — c'est la plus nombreuse — comprend les indifférents, c'est-à-dire tous ceux qui n'ont en matière religieuse aucun principe arrêté et sont prêts à accepter tous les programmes qui leur seraient imposés par leurs chefs hiérarchiques. Mais quelle autorité pourrait avoir la parole de tels maîtres, ignorant pour la plupart les choses qu'ils seraient chargés d'enseigner et que personne ne leur a apprises !

Dans tous les cas, sur quoi porterait cet enseignement ?

Lorsque la loi scolaire a été discutée aux deux Chambres, il s'est produit sur ce point une foule de systèmes contraires parmi lesquels il serait difficile de faire un choix.

On connaît l'opinion de M. Ribière, rapporteur de la loi au Sénat, qui entendait que l'enseignement moral portât surtout sur « les devoirs envers soi-même, envers la famille, envers la société et la patrie. »

M. Jules Ferry, ministre de l'instruction publique, voulait qu'on enseignât simplement « la vieille morale de nos pères ». Sans se douter que cette vieille morale n'était autre chose que la morale chrétienne.

M. Paul Bert, ancien ministre de l'instruction

publique et rapporteur de la loi à la Chambre des députés, déclarait nettement qu'il y avait « antagonisme entre la morale de l'école et celle de l'Eglise; qu'on ne devait rien enseigner aux enfants qui eût un rapport quelconque avec les religions positives. »

MM. Corbon et Tolain, sénateurs, exprimaient l'avis que « l'instruction morale de l'école doit être absolument indépendante de celle de l'Evangile et qu'on ne devait appeler aux fonctions d'instituteurs que des hommes complètement affranchis de toute autorité religieuse ».

En présence de ces divergences, quel est le système qui devra avoir les préférences de l'instituteur ? Est-ce celui du rapporteur de la loi au Sénat, ou celui du rapporteur à la Chambre des députés ? Est-ce celui du dernier ministre de l'Instruction publique ou celui de son prédécesseur ? Qu'on se mette à la place de ce pauvre instituteur de campagne qui n'a entre les mains ni modèle ni instructions, et qu'on dise s'il pourra se reconnaître dans un pareil dédale.

Ce qu'il y a de plus clair en tout ceci, c'est qu'aucune morale n'est actuellement enseignée dans les écoles publiques, pas même celle de MM. Bert et Corbon, et que les dispositions de la loi de 1882 sont ouvertement violées depuis huit ans, sans que les pouvoirs publics s'en soient émus le moins du monde.

Les pères de famille ne seraient-ils pas dès lors en droit de s'adresser aux représentants de l'Etat et de leur dire: En excluant de l'école l'enseignement

religieux, vous nous avez solennellement promis
l'enseignement moral : où est cet enseignement ?

Je me garderai bien de soutenir, à l'exemple de
quelque pessimistes, que l'école publique « engen-
dre l'immoralité ». Non, l'école n'enseigne ni le
crime ni l'immoralité, mais on peut dire qu'elle
n'enseigne pas suffisamment le devoir et la vertu.
Ce qui est vrai aussi, c'est qu'il existe dans la
société actuelle, en ce qui concerne la jeunesse,
des tendances effrayantes ; qu'elle se trouve plus
que jamais exposée à des dangers sérieux et incessants ; que les occasions de faillir n'ont jamais été
plus nombreuses ; que les chutes se multiplient
chaque jour, et que les nouvelles lois scolaires ont
été absolument impuissantes jusqu'ici à arrêter et
même à atténuer le mal.

Pour bien se rendre compte de l'inanité des résultats, il suffit d'avoir lu quelquefois dans les journaux le compte-rendu de quelques audiences de
nos tribunaux correctionnels ou de nos cours d'assises. C'est là que nous avons vu plus d'une fois,
dans ces dernières années, l'enfant privé de ses
joies et de son innocence, jouer au délit en atten-
dant qu'il joue au crime et se venger à sa manière
d'une société légère et imprudente qui ne prend
aucun souci de son avenir.

On ne peut entendre sans une véritable douleur
ces assassins de dix-sept ans, ayant la taille et la
voix d'enfants maladifs, raconter avec un sang-
froid imperturbable les détails des crimes les plus
atroces. J'ai déjà eu l'occasion, en exposant dans
la seconde partie de cette étude l'état de la crimi-

nalité en France, de faire remarquer que les crimes les plus audacieux étaient quelquefois, surtout à Paris, l'œuvre de jeunes gens de quinze à dix-huit ans et que le nombre de ces précoces malfaiteurs augmentait d'une année à l'autre dans des proportions notables.

Ces observations s'appliquaient principalement aux jeunes mineurs de vingt et un ans traduits devant les cours d'assises et poursuivis à raison de faits que la loi qualifie de crimes, dont le nombre s'élève aujourd'hui à 700 environ.

Les condamnations prononcées contre ces accusés prouvent évidemment qu'il s'agissait de faits très graves et que la plupart étaient des récidivistes dangereux.

En 1885, cinq ont été condamnés à mort, 9 aux travaux forcés à perpépuité, 88 aux travaux forcés à temps.

En 1886, deux ont été condamnés à mort, onze aux travaux forcés à perpétuité, 90 aux travaux forcés à temps.

En 1887, deux condamnations à mort, onze aux travaux forcés à perpétuité, 92 aux travaux forcés à temps. Parmi les jeunes accusés traduits dans le courant de la même année en cour d'assises, 40 n'avaient pas encore atteint leur seizième année.

Mais c'est surtout pour les délits justiciables de la police correctionnelle qu'il y a progression effrayante dans le nombre des prévenus âgés de moins de 21 ans.

Il y a quelques années, le chiffre de ces prévenus n'atteignait pas 20,000 ; en 1885, il s'élevait à environ 24,000 ; l'année suivante, il arrivait à 28,000 et en 1887 il a dépassé 32,000. Depuis lors, il n'a plus été publié de compte-rendu officiel, mais on peut être certain d'avance que ce nombre a encore augmenté dans ces deux dernières années.

Qu'on ajoute à ces chiffres celui des jeunes mineurs qui, chaque année, attentent à leur vie, sans qu'on puisse souvent découvrir la cause qui les a poussés à cet acte de désespoir.

En 1887, le nombre de ces suicides s'est élevé à 443, savoir :

Jeunes hommes âgés de moins de 16 ans.....	48
— âgés de 16 à 21 ans...........	225
Jeunes filles âgées de moins de 16 ans.......	20
— âgées de 16 à 21 ans............	150
Total......	443

Comment comprendre que ces pauvres enfants aient eu l'âme et l'esprit assez ravagés pour faire cet appel désespéré à la mort, à l'heure où la vie apparaît d'ordinaire entourée de tant de séduction et d'espérances ? Ce n'est ni à la misère, ni à des revers de fortune, ni à la débauche, ni à des excès alcooliques, qu'on peut attribuer une semblable détermination. Le défaut d'enseignement moral n'y est-il pas pour une bonne part ?

Pour en revenir aux jeunes prévenus poursuivis en justice, on peut dire que peu de faits ont autant ému dans ces derniers temps l'opinion publique. Beaucoup de publicistes, en rapprochant cette progression de la criminalité chez les enfants de la suppression de l'enseignement religieux et du défaut d'enseignement moral dans les écoles publiques, ont conclu que « l'ignorance morale et religieuse obligatoire », résultant de l'application des nouvelles lois, était une des causes principales de cette progression.

Telle est aussi, je n'hésite pas à le dire, ma profonde conviction.

Non que l'enseignement de l'école soit, à mes yeux, la seule cause du mal ; d'autres causes, telles que le relâchement de la discipline familiale, l'incurie morale des parents, la contagion des lectures malsaines, le mouvement général des mœurs sociales, y ont aussi contribué, comme on l'a dit, dans certaines proportions. Mais, il faudrait volontairement fermer les yeux à la lumière pour ne pas voir que la législation scolaire actuellement en vigueur a dû exercer une influence considérable sur la situation que signale la statistique criminelle.

Comment conserver le moindre doute à cet égard, quand on réfléchit que le mouvement ascendant de la criminalité à l'égard des jeunes accusés et prévenus, date précisément de l'époque où la loi a séparé l'enseignement laïque de l'enseignement religieux ?

D'autre part, est-il possible que des êtres faibles et inexpérimentés, vivant généralement dans un milieu détestable, c'est-à-dire ne trouvant au sein de leur famille ni bons conseils ni bons exemples,

ne se laissent aller bien plus facilement à leurs
mauvais penchants, s'ils ne trouvent dans l'école
un enseignement élevé qui leur inspire le goût du
bien, du juste et de l'honnête ? Si l'enseignement
moral est susceptible de produire de bons effets,
comment l'absence de cet enseignement n'en pro-
duirait-il pas de mauvais ?

Oui, il n'est que trop vrai qu'un grand nombre
d'enfants, surtout dans la classe ouvrière et dans
les grandes villes, au lieu de rencontrer dans leurs
familles une direction morale et des encouragements au bien, n'y trouvent souvent qu'une coupable complicité. Oui, il n'est que trop vrai que le
foyer domestique n'est souvent aujourd'hui qu'un
foyer de corruption et de dépravation. Même dans
les classes élevées, beaucoup de pères semblent se
désintéresser complètement de l'éducation de leurs
enfants. On dirait qu'ils redoutent, dans leur égoïsme
jaloux, de voir se former autour d'eux des âmes
viriles, des cœurs honnêtes, des esprits indépendants.

Mais n'est-ce pas à l'enseignement public à réagir
contre de telles tendances ? N'est-ce pas son rôle
de combattre ce qu'il y a de vicieux dans les mœurs
publiques, d'habituer la jeunesse à chercher en
elle l'énergie de la lutte et de la résistance ? Qu'est-
ce, en effet, que l'éducation, si ce n'est l'apprentis-
sage de la vie qui nous attend au sortir de l'école,
dans les situations diverses d'homme et de citoyen
auxquelles Dieu et la patrie nous appellent !

Jamais, il faut le dire à l'honneur de notre temps,

les questions sociales n'avaient été l'objet d'une plus consciencieuse attention. Les sociétés de protection de l'enfance se multiplient de plus en plus et font preuve du plus noble et du plus touchant dévouement. Elles arriveront sans doute, en se développant, à arracher au vice et à la prison un certain nombre de ces malheureux, mais il faut pour cela que l'école leur vienne énergiquement en aide. C'est le droit de la société de punir, mais c'est son devoir de moraliser avant de punir.

La grande difficulté est de trouver le moyen d'introduire dans l'école l'enseignement moral, en dehors de tout enseignement religieux ; problème que beaucoup d'excellents esprits trouvent insoluble et qui pourrait bien l'être, en effet, avec la législation actuelle.

Il y a, comme on l'a dit, deux manières d'enseigner la morale : l'enseignement dogmatique, fondé sur un certain nombre de préceptes formulés d'avance dans des livres et que l'instituteur est chargé d'expliquer aux élèves, et l'enseignement par l'exemple, cet enseignement personnel et de tous les instants dont parlait M. Jules Simon au Sénat, « qui s'infiltre dans les âmes, qui peu à peu en fait partie et n'a rien de commun avec le raisonnement. »

J'ai déjà indiqué en quoi consiste, en fait, l'enseignement moral dogmatique, que la plupart des instituteurs confondent, volontairement ou involontairement, avec l'enseignement civique. Le rapport officiel reconnait lui-même que la morale enseignée dans les écoles « tombe généralement dans les côtés mesquins et confine parfois à la civilité puérile et honnête. »

Quant à l'autre mode d'enseignement, l'enseignement par l'exemple, il s'inspire plus qu'il ne se donne, et c'est de la personne et du caractère du maître qu'il tient toute sa valeur. C'est évidemment le meilleur et le plus efficace. Malheureusement, parmi les instituteurs actuels, il en est peu qui soient à cet égard à la hauteur de leur tâche. Le rapport officiel nous apprend encore que « la conviction chaleureuse, cette foi qui transporte les montagnes plus sûrement que l'autre, fait défaut aux maîtres. On ne trouve pas dans le personnel l'ardeur, l'enthousiasme nécessaires ; la foi paraît leur manquer ».

Cette insuffisance me paraît tenir à deux causes : d'une part, aux lacunes de l'enseignement donné aux futurs instituteurs dans les écoles normales ; d'autre part, à l'indifférence coupable des divers agents chargés par l'Etat, les départements et les communes de surveiller et d'inspecter les écoles publiques.

Le défaut d'enseignement moral dans les écoles normales ne peut avoir que des conséquences funestes. Comment l'instituteur primaire pourrait-il apprendre aux enfants ce qu'il ignore, ce que personne ne lui a appris ? Ne semblerait-il pas utile, je dirai même nécessaire d'ajouter aux cours professés dans les écoles normales de chaque département un cours spécial de morale, où seraient enseignées, à défaut du catéchisme, ces grandes vérités naturelles qui n'ont pas sans doute la puissance d'une croyance religieuse, mais qui sont communes à tous les cultes et forment la préface et le point de départ du christianisme lui-même ? Ce serait une réforme de la plus haute importance et l'un des meilleurs moyens de combattre ce matérialisme grossier qui nous envahit de plus en plus.

Quant au défaut de surveillance dans les écoles primaires, c'est encore un fait matériel qu'il est impossible de contester. Il est certain qu'il n'existe actuellement, ni au point de vue du personnel, ni au point de vue des doctrines enseignées, aucun contrôle sérieux. Non seulement les instituteurs sont libres d'enseigner ou de ne pas enseigner la morale, mais quelques-uns vivent en hostilité déclarée avec la morale et même avec la loi. On les envoie dans les communes rurales sans s'enquérir de leurs antécédents, de leurs mœurs, de leurs habitudes, de leurs croyances religieuses ou sociales. Que résulte-t-il de là ? c'est que grand nombre d'instituteurs ne se gênent nullement, sinon dans l'école, du moins hors de l'école, pour se déclarer hautement athées, matérialistes, en un mot adversaires absolus de toute autorité religieuse. Voilà comment ils entendent la neutralité de l'école.

L'ancienne université de France, tout en repoussant la domination exclusive du clergé en matière d'enseignement, admettait l'influence légitime de la religion dans l'éducation de la jeunesse. Dans ses conseils siégeaient, à côté des professeurs les plus distingués de l'Etat, des évêques illustres, de savants ecclésiastiques, tous animés d'un grand désir de faire le bien, tous pénétrés d'une grande pensée de paix sociale. Ces éminents esprits comprenaient parfaitement que tant vaut le maître, tant vaut l'école, et que l'objet principal de l'éducation est de créer non seulement de belles intelligences, mais de belles âmes. Aussi, avaient-ils toujours fermé l'accès de l'école à ces maximes subversives qui pervertissent l'esprit de la jeunesse, en même temps qu'elles attaquent la morale publique et l'ordre social tout entier.

« Il est, disait M. Duruy, ministre de l'instruction
« publique, dans la discussion de la pétition rela-
« tive à l'enseignement supérieur devant le Sénat,
« en 1868, une doctrine avec laquelle l'Université
« ne peut pas vivre : c'est le matérialisme. Il en est
« une sans laquelle l'Université ne saurait vivre :
« c'est le spiritualisme... Le spiritualisme, signe de
« la dignité de l'homme, cachet de sa royauté, est
« aussi la condition indispensable de son perfec-
« tionnement, et par conséquent il est le principe
« même de l'éducation. »

L'orateur ajoutait : « Messieurs, j'ai vécu trente
« ans dans les rangs de l'Université et je déclare
« que jamais je n'ai trouvé un matérialiste parmi
« les professeurs des collèges et des lycées... Maté-
« rialisme et éducation sont deux termes contra-
« dictoires.

« Devoirs de l'homme envers lui-même, ou morale

« individuelle ; devoirs de l'homme envers ses sem-
« blables, ou morale sociale ; devoirs de l'homme
« envers Dieu, ou morale religieuse, comprenant la
« croyance à l'existence de Dieu, l'idée du devoir
« comme obéissance à la volonté divine, la spiri-
« tualité et l'immortalité de l'âme, etc., voilà la
« morale austère, virile et profondément religieuse
« qui est enseignée tous les jours à nos enfants. »

C'est ainsi que s'exprimait en 1868 le ministre de
l'instruction publique, grand-maître de l'Université.
Le ministre de l'instruction publique de 1890 pourrait-il en dire autant de l'enseignement et des professeurs actuels ? Pourrait-il donner aux pères de
famille les mêmes assurances ?

Qui oserait dire cependant, que l'esprit et l'âme
de nos enfants ne sont pas exposés à des dangers
encore plus menaçants qu'à l'époque où M. Duruy
tenait ce langage ?

Au dire d'une certaine école, qui se livre à une
propagande effrénée et fait tous les jours de nouveaux prosélytes dans les classes populaires, il n'y
a ni Dieu, ni âme, ni liberté morale, ni conscience,
ni devoir, ni vertu, ni justice. Le cœur et l'âme ne
sont plus qu'une propriété de la matière, et l'homme
lui-même ne vient et ne peut venir que de la transformation des matières animales.

Ce qui découle naturellement de ces théories,
c'est qu'il n'y a en réalité ni loi sociale, ni obligation morale, ni responsabilité ; que chacun est libre de vivre au gré de ses désirs et de ses passions ;

que la force seule doit diriger le monde ; que le
droit et la justice ne sont plus que des expressions
vides de sens qu'aucun esprit éclairé ne peut prendre au sérieux ; que l'homme est dans son droit
lorsqu'il commet un crime, et qu'au cas d'infraction,
il est puni non pour avoir manqué à la loi, mais
uniquement parce qu'il a manqué d'habileté et d'a-
dresse. Impunité absolue, irresponsabilité absolue
pour tous les actes que condamnent la loi sociale
ou la conscience religieuse : voilà où conduisent
fatalement ces monstrueuses doctrines.

« Si le matérialisme est vrai, comme le disait un
éloquent orateur, dans la discussion que j'ai déjà
rappelée, nous sommes irresponsables ; et si nous
sommes irresponsables, les tribunaux, les cours
d'assises, leurs décisions, leurs condamnations contre les criminels, contre les assassins, sont autant
d'odieuses comédies que rien ne peut justifier. »

Le devoir de l'État n'est pas seulement d'empêcher que de telles choses soient enseignées dans les
écoles, il doit les combattre par tous les moyens en
son pouvoir et sévir avec une inébranlable rigueur
contre tout instituteur dont l'enseignement s'ins-
pirerait à un degré quelconque de ces idées. Il faut
de plus qu'il exige de tous ceux qu'il appelle à ces
délicates fonctions les plus hautes garanties de
moralité et d'honorabilité. N'est-il pas essentiel que
ceux que l'État charge de former des hommes et
des citoyens soient eux-mêmes des hommes et des
citoyens irrépprochables ?

Un haut enseignement moral est à sa place en

tous pays ; mais combien n'est-il pas plus né~es-
saire dans un pays de suffrage universel, où les
enfants, assis aujourd'hui sur les bancs de l'école,
seront appelés à prendre part dans quelques années
aux affaires publiques.

Je suis loin de demander que l'instituteur se fasse
homme politique et entretienne ses élèves de questions de partis. Je partage entièrement sur ce point
l'opinion de M. Michel Bréal, l'éminent professeur
du Collège de France.

« Je voudrais, dit M. Bréal, que toutes les in-
« fluences de la politique militante vinssent s'arrê-
« ter non seulement devant la classe, mais devant
« la maison de l'instituteur. Quel parti aura à se
« plaindre si l'on enseigne dans l'école, en un lan-
« gage clair et par des arguments accessibles aux
« enfants, qu'il faut préférer la nation à son parti,
« qu'il faut en toute occasion mettre les intérêts
« permanents du pays au-dessus d'un avantage
« passager; qu'on doit respecter les opinions d'au-
« trui pour obtenir le respect de ses propres con-
« victions; qu'il faut remplir ses devoirs si l'on
« veut être écouté quand on parle de ses droits ?
« N'est-ce pas là un enseignement dont la France
« entière profiterait? »

Malheureusement, la situation actuelle de l'instituteur, au point de vue hiérarchique, n'est guère
faite pour ajouter à son indépendance et à son autorité morale. Il est entièrement, comme je l'ai
dit, à la merci du préfet, c'est-à-dire du pouvoir

politique, qui lui tient compte surtout de ses services politiques.

« Pour que l'instituteur, dit encore M. Michel
« Bréal, aime son état et le remplisse avec sécu
« rité, il faut qu'il sente au-dessus de lui une auto
« rité purement scolaire qui sache le juger d'après
« son mérite et d'après son travail. Il faut en outre
« que la considération publique soit la récompense
« de son pénible labeur. »

La considération publique ! elle ne manquait pas
à l'ancien instituteur, à cet excellent « maître
d'école » que ceux de ma génération ont connu
et qui mettait son modeste métier au-dessus de tous
les métiers du monde, parce qu'il lui permettait de
former non seulement des intelligences, mais des
cœurs. Le maître d'école était mal logé, mal payé,
quelquefois même mal vêtu, et cependant quelle
confiance n'inspirait-il pas aux parents et de quelle
déférence n'était-il pas entouré ! Il faisait partie de
la famille et restait toujours l'ami et le conseil de
ses anciens élèves.

« Les vieux professeurs, a dit M. Renan, formaient peu de savants, mais ils formaient des
hommes laborieux et des hommes aimables, ce
qui n'est pas à dédaigner.... Grande et sainte école
d'éducation, je crains bien que des procédés pédantesques de pédagogie ne parviennent jamais à le
remplacer ! »

Il y aurait bien des choses à dire encore sur cette
grande question de l'enseignement primaire, mais

je crois devoir m'en tenir pour le moment à ces courtes observations. Je crois cependant en avoir dit assez pour établir que la nouvelle législation scolaire, que tant de gens regardaient comme une sorte de panacée universelle, est loin d'avoir produit les résultats qu'on en attendait, et que nous avons fait fausse route sur ce point comme sur beaucoup d'autres. Sous prétexte de garantir l'école contre ce qu'on a appelé le « venin religieux », on y a laissé pénétrer l'esprit de secte le plus brutal et le plus vulgaire.

Nous n'avons pas voulu voir que les demi-lueurs égarent plutôt qu'elles ne guident, et que la curiosité d'esprit, excitée outre mesure sans être satisfaite, ne suffit pas toujours à rendre les hommes meilleurs. N'ayant plus les vertus que donne la foi, sommes-nous sûrs au moins d'avoir les qualités qui naissent de l'exercice de la raison et de la culture de l'intelligence ? Cette instruction gratuite, laïque et obligatoire, en ouvrant l'intelligence à moitié, ne l'aurait-elle ouverte qu'aux mauvaises pensées et aux mauvais penchants ? Après avoir tout fait pour exalter l'intelligence, allons-nous regretter pour elle l'engourdissement d'où nous l'avons tirée ?

Ce serait sans doute aller trop loin que de tirer une telle conclusion des observations qui précèdent. Non, il ne faut pas cesser d'instruire le peuple, ce qui d'ailleurs ne dépendrait de personne. Il ne faut pas se méfier de la Providence et fermer à l'humanité les voies que Dieu a ouvertes devant lui ; mais il faut l'instruire d'une façon plus sage, plus utile, plus libérale et surtout plus morale.

Je ne suis pas de ceux qui prétendent que l'enseignement public doit être abandonné à lui-même, sans guide et sans direction. Nos mœurs et les traditions de notre histoire repoussent également cette liberté absolue. L'État ne peut évidemment se désintéresser d'une telle question. Il a le droit et le devoir de surveiller l'éducation et même de la diriger, dans une certaine mesure, mais à la condition expresse de tenir un compte sérieux des vœux et des intérêts de la famille et de l'enfant. Ce serait peu d'avoir donné aux enfants du peuple la gratuité de l'instruction, si on ne leur donnait en même temps le sentiment profond de leurs devoirs. Ce serait les livrer d'avance à tous les mensonges, à toutes les corruptions. Avec un pareil régime, la famille, la civilisation, l'ordre social lui-même seraient condamnés à une ruine prochaine. Alors, je ne crains pas de le dire, l'instruction, qui doit avoir pour but d'ennoblir l'homme, deviendrait pour lui un véritable fléau, car elle n'aurait ouvert son esprit que pour dégrader son âme.

Je livre ces réflexions aux méditations de nos gouvernants. *Caveant consules !*

CAUSES SECONDAIRES.

CAUSES SECONDAIRES.

CHAPITRE I.

ABUS DU DROIT DE RÉCUSATION.

En principe, la récusation est l'acte par lequel
une partie qui a de justes raisons de craindre qu'un
juge ne se laisse égarer par des considérations
étrangères à l'affaire, demande qu'il s'abstienne de
statuer sur une cause portée devant lui.

Tout en posant des règles générales pour fixer
l'ordre des juridictions et la compétence des divers
tribunaux, le législateur a pensé qu'il se présenterait sans doute des circonstances exceptionnelles où
les parties pourraient avoir de sérieux motifs de
suspecter l'intégrité, la fermeté ou l'impartialité de
leurs juges. C'est pourquoi il les a autorisées, dans
ces divers cas, à demander que ces juges fussent
éloignés de leur siège.

Indépendamment de ce droit de récusation personnelle, s'appliquant particulièrement à tels ou
tels juges, le législateur a admis les parties à s'a-
dresser à la Cour de cassation pour obtenir, en cas
de « suspection légitime », que la connaissance
d'une affaire les concernant fût renvoyée devant un
tribunal autre que celui qui devait être régulièrement saisi.

La justice, quelque éclairés, quelque indépendants que soient ses organes, et quelque confiance qu'ils doivent inspirer aux justiciables, n'en est pas moins administrée par des hommes, naturellement soumis à toutes les faiblesses, à toutes les passions de l'humanité.

Homo sum, nihil humani à me alienum puto.

Ce n'est pas assurément une vertu commune, appropriée à tous les tempéraments et à toutes les tailles, que celle de ce premier président du Parlement de Paris, jetant aux chefs d'une faction triomphante ces fières paroles : « Mon âme est à Dieu, mon cœur au roi, mon corps entre les mains des méchants qui peuvent en faire ce qu'ils voudront ! »

Il n'est pas donné à tous les magistrats de conserver dans les circonstances les plus critiques cette impassibilité, cette sérénité qui devraient toujours accompagner le juge sur son siège. Si la fermeté et le courage d'Achille du Harlay n'eussent pas été quelque chose de rare et d'extraordinaire, l'histoire n'aurait pas enregistré ses paroles, et le nom de ce grand magistrat aurait été ignoré de la postérité. C'est parce que la loi n'a pu compter sur la même grandeur d'âme de la part de tous ceux qu'elle appelle à rendre la justice, qu'elle a sagement réservé aux parties, en certains cas, le droit de réclamer d'autres juges.

Non seulement elle admet que le juge peut se laisser aller quelquefois, volontairement ou à son insu, à des sentiments répréhensibles, mais elle va jusqu'à prévoir « le dol, la fraude, la concussion, le déni de justice, » et elle permet alors au plaideur de « prendre le juge à partie » et de lui demander compte du préjudice qu'il a pu occasionner par sa faute.

Mais, tout en s'entourant des plus grandes précautions pour protéger les intérêts privés, la loi a pris aussi en grande considération les intérêts des magistrats que des accusations téméraires pouvaient atteindre gravement dans leur dignité. D'une part, elle a voulu que les parties ne pussent intenter leur demande que dans certains cas déterminés et pour des causes graves ; d'autre part, elle a prononcé des peines plus ou moins sévères contre le plaideur qui succombait dans sa demande, sans préjudice de l'action en dommages-intérêts qui peut être dirigée contre lui par le juge.

Sous l'ancienne législation française, le droit de récusation en matière civile était admis par les coutumes, les ordonnances royales et la jurisprudence, mais le point de savoir dans quels cas ce droit pouvait être exercé était abandonné à chaque juridiction, qui jugeait d'après les circonstances. Le code de procédure civile introduisit sur ce point une amélioration importante, en déterminant avec soin les cas dans lesquels le juge pourrait être récusé.

« On n'a pas cru, disait Treilhard, dans l'exposé
« des motifs des livres 1 et 2 du code, relatifs aux
« juges de paix, devoir conserver l'usage de la ré-
« cusation péremptoire et sans motifs. Cette récu-

« sation avait été admise pour des raisons plus spé-
« cieuses que solides. L'expérience a prouvé qu'elle
« n'était presque toujours employée que pour éloi-
« gner, par une injure gratuite, le juge dont on
« redoutait le plus la pénétration et l'intégrité. Au
« moins doit-on reconnaître qu'elle peut avoir cet
« effet, et, dès lors, elle peut être aussi dangereuse
« dans certains cas qu'on la supposait utile dans
« d'autres ; et comme il est évident qu'il n'y a au-
« cun moyen d'en régulariser l'usage, on a dû la
« rejeter. »

Le tribun Perrin, en exposant de son côté la partie du code de procédure relative aux tribunaux de
première instance, ajoutait :

« La récusation touche à la délicatesse du magis-
« trat et suppose un oubli au moins momentané
« de ses devoirs. Les exemples de telles défaillan-
« ces sont bien rares... ce qui est plus fréquent,
« c'est de rencontrer des plaideurs téméraires qui
« cherchent à pénétrer l'opinion des magistrats et
« qui, pour l'écarter du tribunal, se portent à d'o-
« dieuses inquisitions et hasardent les assertions
« les plus inconvenantes. Telle est la cause pour
« laquelle on ne parle plus de la récusation péremp-
« toire, qu'une trompeuse théorie peut approuver,
« mais qui, dans l'application, ne servait le plus
« souvent qu'à éloigner un magistrat dont une par-
« tie redoutait la pénétration et les lumières et à lui
« infliger une injure imméritée pour prix de son
« zèle et de son dévouement. »

Ces considérations sur la récusation civile m'amènent naturellement à l'examen de la récusation en matière criminelle. Il me sera facile d'établir, à la suite de cet exposé, qu'autant le législateur a été sage et prévoyant dans le premier cas, autant il a montré d'inconséquence dans le second.

Ainsi qu'on vient de le voir, le droit de récusation, en matière civile, est soumis à certaines règles qui ont pour but d'en empêcher l'abus et de sauvegarder la dignité et la considération du juge. En matière criminelle, la loi n'a établi ni règles, ni contrôle; le droit de l'accusé est absolu, illimité. Il n'est tenu à aucune justification pour appuyer le bien fondé de son refus.

Voici comment il est procédé devant les cours d'assises à la récusation des jurés :

« Au jour indiqué et pour chaque affaire, l'appel des jurés non excusés et non dispensés est fait « avant l'ouverture de l'audience..... le nom de « chaque juré est déposé dans une urne. »

« L'accusé premièrement, ou son conseil, et le « procureur général ensuite, récusent tels jurés « qu'ils jugent à propos, à mesure que les noms « sortent de l'urne..... le jury du jugement est « formé à l'instant où il est sorti de l'urne douze « noms de jurés non récusés.

« *L'accusé, son conseil, ni le procureur général ne* « *peuvent exposer leurs motifs de récusation.* »

Il s'agit ici, on le voit, de récusations péremptoires d'une espèce particulière, puisque non seulement l'accusé et le ministère public ne sont pas tenu d'exposer leurs motifs de récusation, mais qu'il leur est interdit de les faire connaître. Ils doivent se borner, à mesure que le nom de chaque juré sort de l'urne, à prononcer le mot sacramentel : *récusé.*

Ce qui arrive dans la pratique ordinaire, par suite de l'application d'un tel principe, il est facile de le deviner.

La liste du jury comprend nécessairement des hommes d'intelligence et de caractère très différents : les uns, en petit nombre, fermes, éclairés, indépendants ; les autres, faibles, inexpérimentés, ayant besoin d'être soutenus et raffermis dans l'accomplissement d'un mandat qu'ils remplissent souvent pour la première fois et incapables de résister aux artifices d'une parole brillante et exercée. Je n'ai pas besoin de dire que c'est le concours des premiers que la défense repousse d'une façon à peu près systématique dans toutes les affaires importantes, de sorte que les noms de ces honorables citoyens se trouvent mis à l'index dès le début de la session et font l'objet, à l'appel de chaque cause, d'une formule banale de récusation.

C'est ainsi que j'ai vu plus d'une fois, dans ma longue carrière, un certain nombre d'hommes distingués constamment exclus, pendant des sessions entières, de l'honneur de participer à des travaux auxquels la loi les conviait solennellement, rentrer chez eux le cœur ulcéré, se plaignant qu'on les eût arrachés inutilement pendant plusieurs semaines à leur famille et à leurs affaires.

Qu'on veuille bien remarquer que ces mêmes hommes, qu'une volonté capricieuse éloigne d'une manière permanente de leur siège, n'en sont pas moins tenus, sous peine d'une forte amende, de répondre chaque matin à l'appel de leur nom et qu'ils continuent de figurer dans tous les tirages jusqu'à la fin de la session.

Une telle situation n'est pas seulement injurieuse pour les personnes, elle porte à la justice une atteinte profonde et tend à multiplier les mauvaises décisions et à assurer l'impunité des crimes. Qu'attendre, en effet, d'un corps énervé par l'élimination de ses plus remarquables intelligences et de ses plus fermes caractères ? De tels procédés n'ont-ils pas nécessairement pour effet de livrer les intérêts sociaux au jeu périlleux du hasard et de dénaturer l'institution du jury elle-même ?

On peut objecter, il est vrai, que le ministère public est armé du même droit que la défense et peut l'exercer dans les mêmes conditions. Mais est-il besoin de faire remarquer que les situations sont loin d'être les mêmes ? nos mœurs, à tort ou à raison, autorisent l'avocat à poursuivre par tous les moyens légaux l'acquittement de son client et son zèle même exagéré peut trouver une excuse dans le sentiment passionné de sa profession. Il n'en est pas de même de l'organe de l'accusation, qui doit à sa position et à son caractère de ne pas affliger publiquement, à moins de nécessité absolue, à d'honnêtes citoyens une sorte de flétrissure morale à laquelle quelques-uns sont infiniment sensibles. Aussi, le droit de récusation ne s'exerce-t-il habituellement, du coté du ministère public, que dans de rares affaires où les passions locales ont ordinairement joué un certain rôle, ou bien au profit de convenances personnelles auxquelles il est possible de satisfaire sans nuire aux intérêts de la justice.

Il est un autre point sur lequel la différence est profonde entre l'avocat et le ministère public.

Lorsqu'il s'agit d'une affaire de vol, ou de toute affaire concernant des individus inconnus, les choses se passent d'une façon à peu près irréprochable, mais il n'en est pas de même lorsque l'accusé a occupé dans le département une certaine situation. Dans ce cas, les jurés arrivent rarement sur leur siège sans avoir été l'objet de vives sollicitations. Dès que la liste du jury est connue par les journaux, les parents et amis de l'accusé se mettent en campagne ; une nouvelle information, qui n'a rien cette fois de judiciaire, se fait sur tous les points, les démarches et les visites se multiplient, et l'avocat est informé exactement des dispositions favorables ou défavorables manifestées par chaque juré. Si quelques-uns d'entre eux se sont montrés rebelles aux sollicitations, bonne note est prise de leur nom et, le jour de l'audience venu, la récusation ne se fait pas attendre. Pour ma part, j'ai connu plusieurs avocats d'assises renommés qui devaient à leur extrême habileté dans l'art des récusations leurs succès les plus retentissants.

J'ignore comment les choses se passent à Paris, où ces sortes de procédés doivent présenter des dif-

ficultés plus grandes, mais j'affirme qu'habituellement elles se passent ainsi en Province.

Je n'ai pas besoin d'ajouter que, de la part du
ministère public, cette police inquisitoriale est impossible, et qu'elle serait, dans tous les cas, profondément immorale.

Voilà donc à quoi se réduit, en France, au point
de vue pratique, l'excercice du droit de récusation
en matière criminelle: du côté de la défense, avantage assuré et certitude d'arriver par ce moyen à
obtenir des juges faciles et complaisants ; du côté
de l'accusation, impossibilité à peu près absolue
d'exercer d'une matière utile à la société le droit
conféré par la loi. Au fond, ce sont les accusés appartenant à des familles riches et aisées qui profi-
tent à peu près exclusivement du droit de récusation.

Au point de vue démocratique, connaît-on quelque chose de plus révoltant que cette inégalité entre
les diverses categories d'acousés, résultant de l'application d'une loi inintelligente?

Cette législation est d'autant plus étrange qu'elle
date d'une époque où les esprits étaient peu portés
à exagérer les droits de la défense et qu'elle succé-
dait à la législation révolutionnaire, qui n'avait ac-
cepté la récusation criminelle qu'avec de grandes
restrictions.

La loi du 29 septembre 1791 n'admettait en faveur
des accusés qu'un certain nombre de récusations
péremptoires, et seulement jusqu'à concurrence

d'un dixième environ sur une liste de deux cents noms. Au delà de ce nombre, le tribunal criminel était appelé à se prononcer.

Le code de Brumaire an IV vint confirmer entièrement ces dispositions.

Ces deux lois ont formé pendant dix-sept ans le droit commun de la France.

D'après le code d'instruction criminelle de 1808, encore en vigueur sur ce point, les récusations péremptoires peuvent s'exercer dans la proportion des deux tiers, de la part de l'accusation et de la défense ; l'autre tiers demeurant réservé pour le jugement, sans qu'en aucun cas la cour d'assises ait à examiner le mérite des récusations.

Comprend-on qu'un droit de cette nature, limité à une époque où la composition des listes était entièrement abandonnée aux agents de l'administration, puisse s'exercer sans la moindre restriction aujourd'hui que ces listes n'arrivent devant les cours d'assises qu'à la suite du contrôle des représentants du suffrage universel et après de nombreuses éliminations ? La raison et le simple bon sens semblent dire cependant que moins il y a d'arbitraire dans le choix des jurés, plus le droit de récusation devrait être circonscrit dans de justes limites.

A tous les points de vue, il est évident qu'il y a là une réforme sérieuse à introduire dans la législation actuelle.

Cette réforme doit-elle consister dans la suppression du droit de récusation, ou seulement dans une meilleure réglementation de ce droit?

Je crois que c'est à ce dernier parti qu'il faut s'arrêter et que le principe doit être maintenu, mais en édictant des règles particulières pour empêcher les anciens abus.

J'ai dit, en rappelant les dispositions du code de procédure civile relatives à cette matière, que les récusations ne pouvaient être admises que pour des causes déterminées et suivant les formes indiquées par la loi.

Ce principe s'applique non seulement aux juges, mais à toutes les personnes qui sont appelées directement ou indirectement à l'administration de la justice : témoins, experts, arbitres, etc. Les parties peuvent exercer vis-à-vis de toutes, en matière civile, le droit que l'accusé excerce vis-à-vis du jury, mais à la condition expresse d'exposer leurs motifs et de les faire apprécier par l'autorité compétente.

Pourquoi ne pas imposer la même condition à l'accusé qui comparaît devant la justice criminelle? Les raisons indiquées par les orateurs du tribunal, lors de la discussion du code de procédure civile, ne s'appliqueraient-elles pas également aux deux cas? Ne convient-il pas de protéger le juré comme le juge contre des accusations téméraires? L'honorable citoyen que la loi enlève à son foyer pour coopérer gratuitement à l'œuvre de la justice, n'a-t-il pas droit aux mêmes égards que le juge ordinaire, qui remplit une fonction salariée?

8

D'autre part, n'est-il pas aussi démontré que la récusation criminelle a été presque toujours employée, comme la récusation civile, « pour éloigner, par une injure gratuite, le juge dont on redoutait le plus la pénétration et l'intégrité ? » Ne voit-on pas tous les jours encore « des plaideurs téméraires se porter, pour écarter un juge de son siège, aux insinuations les plus malveillantes, aux plus odieuses inquisitions ? »

Il est vrai que le juré peut se trouver quelquefois, comme le juge ordinaire, dans des conditions telles que l'accusé, comme le ministère public, aient de justes raisons de suspecter son impartialité ou sa fermeté. Mais alors pourquoi ne pas imposer à l'accusé et au ministère public l'obligation d'exposer les motifs sur lesquels est fondée cette appréciation ? Cet examen pourrait se faire à huis-clos, en chambre du conseil, à la suite des explications des deux parties et du juré lui-même, évidemment intéressé dans la question.

Ce mode de procéder, conforme aux dispositions de la loi de 1791 et de celle de l'an IV, serait de nature à concilier tous les intérêts, tout en prévenant le scandale des récusations téméraires, qui ne peuvent s'appuyer sur aucun motif avouable. Ainsi serait rétabli l'équilibre des garanties judiciaires attachées par le législateur à l'institution du jury ; ainsi se trouverait résolue une des plus grandes difficultés qui s'opposent aujourd'hui à la bonne distribution de la justice criminelle.

CHAPITRE II.

ABUS DU DROIT DE GRACE.

Il a été souvent question, dans ces dernières années, du droit de grâce et de la manière dont il était exercé.

Quelle est l'origine de ce droit ? Doit-il être maintenu dans l'état social actuel et sous un régime fondé sur le principe de la souveraineté populaire ? Dans tous les cas, ne conviendrait-il pas d'en soumettre l'exercice à certaines conditions ?

Ce sont tout autant de questions que je me propose d'examiner sommairement.

Le droit de grâce était considéré, sous l'ancienne monarchie, comme un des plus précieux attributs de la couronne. Toute justice émanant du roi, toute grâce devait naturellement émaner de lui. Il était de principe qu'il déléguait sa justice, mais qu'il gardait sa grâce. Aux délégués le droit de punir, à lui la miséricorde et le pardon.

Ce pouvoir a été largement exercé par les souverains, à diverses époques, surtout à la suite des grandes commotions politiques qui sont venues trop souvent agiter le pays. « C'est un grand ressort des gouvernements modérés, a dit Montesquieu, que les lettres de grâce. Ce pouvoir de pardonner, exécuté avec sagesse, peut avoir d'admirables effets. »

Mais il se produisit de tels abus que les parlements crurent devoir adresser à la couronne des remontrances réitérées, et les rois de France, pourtant si jaloux de toutes leurs prérogatives, se décidèrent à fixer eux-mêmes des limites à l'exercice de ce pouvoir.

« Nous voulons, dit une ordonnance de Henri III,
« du mois de mai 1579, que les ordonnances faites
« par les Rois nos prédécesseurs pour les meurtres
» avec guet-apens, soient entièrement gaidées et
« observées, tant contre les principaux auteurs que
« pour ceux qui les accompagnent, pour quelqu'oc-
« casion ou prétexte que lesdits meurtres puissent
« être commis, soit pour venger querelles ou autre-
« ment ; *dont nous n'entendons être expédié lettres*
« *de grâce ou rémission, et au cas où aucunes par im-*
« *portunité seraient octroyées, défendons à nos juges*
« *d'y avoir aucun égard, encore qu'elles fussent si-*
« *gnées de notre main et contresignées par un de*
« *nos secrétaires d'État.* »

« Voulons, dit une autre ordonnance de Louis
« XIV, du 16 août 1680, que dans les rémissions
« que nous aurons fait sceller de notre grand sceau,
« si les circonstances résultant des charges et in-
« formations se trouvent différentes de celles por-
« tées par l'exposé de nos lettres, en sorte qu'elles
« changent la qualité de l'action ou la nature du
« crime, en ce cas nos cours et juges, auxquels
« l'adresse en aura été faite, *aient à en surseoir le*
« *jugement ou l'entérinement, jusqu'à ce qu'ils aient*
« *reçu de nouveaux ordres de nous.* »

En rappelant ces ordonnances, Gui Coquille

ajoute : « C'est très bien fait au roi de brider sa volonté et puissance absolue pour ne l'employer à
sauver des crimes si détestables. »

On voit que ces documents auraient pu être consultés avec fruit par certains chefs d'État qui ont
compromis plusieurs fois l'œuvre de la justice par
une faiblesse imprévoyante, ou une pitié mal en-
tendue.

Aujourd'hui le droit de grâce est placé entre les
mains du président de la République, qui l'exerce
sans contrôle et sans restriction.

Cette attribution a soulevé, à diverses reprises,
de vives critiques. On a fait observer que si un tel
pouvoir avait sa raison d'être sous un régime qui
plaçait le souverain au-dessus de la loi, en vertu
d'un droit qu'il était censé tenir de Dieu seul, il ne
devait pas en être de même dans un Etat gouverné
par un magistrat temporaire, tenant ses droits du
peuple lui-même et qui devait se considérer comme
le premier serviteur de la loi.

Malgré ces graves objections, le principe a été
maintenu dans notre législation.

– En fait, les résultats des vingt dernières années
ont-ils justifié ou condamné ce système ? En d'autres termes, le droit de grâce a-t-il été sagement ou
abusivement exercé sous le régime actuel ?

Quelque bonne volonté qu'on y apporte, il est impossible de ne pas reconnaître que les pires criminels ont fréquemment profité jusqu'ici d'une faveur
qui devrait, dans l'esprit du législateur, être réser-

vée à quelques rares condamnés, vraiment dignes d'indulgence et de pitié. La commutation de peine, à la suite de condamnations capitales, est devenue pendant plusieurs années comme une formule banale, systématiquement adoptée pour substituer à la peine légale une peine arbitraire et souvent illusoire.

Dans la période quinquennale de 1881 à 1885, 148 accusés ont été condamnés à mort, en vertu des verdicts du jury: 109 pour assassinat; 16 pour meurtre accompagné d'un autre crime; 14 pour parricide; 3 pour empoisonnement; 3 pour infanticide; 2 pour incendie suivi de mort; 1 pour meurtre d'un fontionnaire.

La justice a suivi son cours pour 27 condamnés sur 148. La peine capitale a été commuée pour tous les autres en celle des travaux forcés à perpétuité ou des travaux forcés à temps.

Il est certain qu'en usant d'une telle indulgence, le chef de l'Etat s'est inspiré beaucoup plus de ses sentiments personnels que des intérêts sociaux, et il est permis de se demander si la société peut se considérer comme suffisamment protégée en de telles conditions.

Quel est le principe dominant dans notre législation pénale ? C'est la nécessité de la défense et de la protection sociale. Pour assurer cette défense et cette protection, le législateur vise avant tout à l'intimidation. « Qu'un coupable souffre, disait Target, dans la discussion du projet du code pénal, ce n'est pas le principal but de la loi ; mais que les crimes soient prévenus, voilà qui est de la plus haute importance..... La gravité des crimes doit se mesurer non pas tant sur la perversité qu'ils annoncent que sur les dangers qu'ils entraînent. »

Or, qui oserait soutenir que la mollesse dans la répression a été étrangère à cette surexcitation d'énergie que révèlent les dernières statistiques dans la criminalité ? qu'elle n'a pas été pour les malfaiteurs une sorte d'encouragement au crime ? en un mot, que bon nombre d'assassinats n'aient été commis que par suite de cette conviction où étaient leurs auteurs que la peine de mort était de fait abolie en France ?

Deux autres principes de la loi criminelle se trouvent ouvertement violés par ces ces fréquentes commutations : la certitude et l'égalité de la peine.

La certitude de la peine est-elle assurée, lorsque un assassin, un empoisonneur, un parricide, jugés indignes de toute pitié par le jury, peuvent avoir, en s'appuyant sur de nombreux précédents, l'espoir fondé d'échapper, grâce à l'indulgence du chef de l'Etat, au châtiment édicté par la loi ? La peine est-elle égale lorsque, pour le même fait, accompagné des mêmes circonstances, un condamné subit l'expiation suprême, tandis que l'autre est simplement envoyé dans une colonie lointaine, où l'Etat se charge de le nourrir, de le vêtir et de lui procurer une existence relativement confortable, si on la compare à celle de tant de malheureux qui préfèrent la mort au déshonneur ?

En présence de cet arbitraire effrayant, n'est-il

pas à craindre que la loi ne perde de jour en jour de son autorité et que la conscience publique ne s'altère profondément ?

Sous l'ancienne législation, les occasions de faire grâce étaient fréquentes, à cause de l'excessive rigueur de la pénalité ; à cette époque, je l'ai déjà dit, la vie humaine se trouvait à chaque instant sacrifiée par la loi. La peine de mort était appliquée dans 115 cas différents, et souvent elle était accompagnée de tortures et de supplices qui en doublaient l'atrocité. Le code pénal de 1810 réduisit ce chiffre à 39, et la loi de 1832 vint à son tour le réduire à 22. Plusieurs des cas prévus par cette dernière loi ont même disparu depuis lors de nos codes, par suite de l'abolition de la peine de mort en matière politique. Le parricide, l'assassinat, l'empoisonnement et quelques autres de même nature, c'est-à-dire les forfaits les plus exécrables, que rien n'excuse et n'atténue et que les législations de tous les temps et de tous les pays ont frappés des plus terribles châtiments, sont les seuls aujourd'hui qui puissent faire monter les coupables sur l'échafaud.

La loi de 1832 ne s'est pas bornée d'ailleurs à réduire le nombre des crimes capitaux, elle a introduit dans notre législation criminelle, au moyen de l'article 463, relatif aux circonstances atténuantes, une immense réforme qui contient le principe de l'abolition graduelle de la peine de mort, en ce sens que sous son influence l'échafaud perd chaque jour du terrain.

Le rapport du nombre des circonstances atténuantes à celui des condamnations tend, en effet,
à s'élever indéfiniment. En 1833, il n'était que de
57 %; en 1851, il atteignait 67 %; en 1864, 85 %;
depuis quelques années, il s'élève, pour les crimes
capitaux, à 90 %.

C'est donc uniquement sur ces dix condamnés
sur cent, auxquels ont été refusées les circonstances atténuantes, que peut s'exercer le droit de grâce
dévolu au chef de l'État.

Il faut ajouter que, sur cent individus traduits
en cour d'assises, le jury en acquitte habituellement plus du quart, et que la proportion des acquittements augmente sensiblement d'une période
à l'autre.

Quel contraste entre cette situation et celle d'autrefois ! Fondée principalement, sous l'ancien régime, sur l'idée de vengeance, la législation criminelle s'est dépouillée successivement de ses rigueurs exagérées, et, s'élevant de plus en plus dans
la sphère de la justice morale, elle ne fait plus du
châtiment qu'un acte de défense sociale. Jamais,
on peut le dire, la société ne s'était montrée plus
clémente envers les malfaiteurs ; jamais elle n'avait
entouré la défense de garanties plus sérieuses ; jamais l'opinion publique ne s'était prononcée plus
ouvertement en faveur d'une justice bienveillante.

Je n'ai pas à m'expliquer ici sur la grande question du maintien ou de l'abolition de la peine de
mort. Je connais tous les arguments qui peuvent
être invoqués en faveur de l'une et de l'autre de ces

thèses, mais je n'ai pas d'opinion personnelle à exprimer. Tout ce que j'ai à dire, c'est que, malgré les plus éloquentes réprobations, la peine de mort a été maintenue dans nos codes et qu'elle doit être appliquée tant qu'elle ne sera pas abolie.

Il résulte des observations qui précèdent que le droit de grâce, autrefois attribué au souverain, est descendu aujourd'hui, par l'application de l'art. 463 du code pénal, dans les pratiques de la justice ordinaire, puisque, sur 100 individus poursuivis en cours d'assises pour crimes passibles de la peine de mort, 90 obtiennent des circonstances atténuantes et sont condamnés à une peine inférieure.

Dans ces conditions, le droit de grâce devrait-il être maintenu ?

On trouverait certainement de très bonnes raisons pour soutenir que, sous notre régime démocratique, un tel pouvoir est à la fois une anomalie et un anachronisme. Mais trouverait-on une assemblée républicaine qui consentît à prendre la responsabilité de cette suppression ?

Ce qu'on peut demander, avec plus de chance de succès, c'est que le droit de grâce, pour répondre à son but essentiel, ne soit plus appliqué à l'avenir qu'à ces cas rares et exceptionnels, pour lesquels une atténuation de peine est réellement sollicitée par l'opinion publique.

D'autre part, l'exercice de ce droit devrait être soumis à certaines règles dont le chef de l'État ne pourrait s'écarter et qui comprendraient, par exemple, les dispositions suivantes :

1° Aucune commutation de peine né serait accordée qu'*après avoir pris l'avis d'une commission spéciale*, composée de sénateurs, de députés et de membres de la Cour de cassation ;

2° Toute décision de cette nature serait *motivée*, comme le sont toujours les arrêts de justice ;

3° Elle serait rendue *publique*, par insertion au journal officiel;

4° Enfin, tout individu condamné à mort et dont la peine serait commuée, serait assujetti, avant d'être transporté dans ia Nouvelle-Calédonie ou ailleurs, à *un emprisonnement cellulaire de sept à huit années;* ce qui serait autrement sérieux, au point de vue de l'amendement et de l'intimidation, que la transportation elle-même.

C'est ce qu'avaient demandé, il y a quelques années, deux honorables sénateurs, MM. Bérenger et de Marcère, tous deux anciens magistrats et ayant fait de notre législation criminelle une étude approfondie. J'ignore ce qui a empêché cette proposition d'aboutir. Peut-être les philanthropes du Sénat l'ont-ils trouvée d'une séverité exagérée. Dans ce cas, je me permettrai de leur rappeler que Beccaria, le célèbre philanthrope italien et l'un des plus ardents promoteurs de l'abolition de la peine de mort, n'avait trouvé autre chose pour remplacer cette peine « qu'un esclavage perpétuel dans les chaines, sous les coups et dans une cage de fer. »

Un autre philanthrope, Lepelletier Saint-Fargeau,

aussi grand partisan de l'abolition de la peine de mort, demandait, de son côté, à l'Assemblée constitituante de 1791, « que le condamné fût renfermé dans un cachot obscur, que son corps et ses membres fussent entourés de fers et qu'il ne lui fût fourni pour sa nourriture et son repos que du pain, de l'eau et de la paille. »

Il y a loin, comme on le voit, de la réforme proposée par nos deux sénateurs à celle proposée par le philanthrope italien et le philanthrope français.

Quoi qu'il en soit, je crois avoir démontré avec évidence pour tout esprit de bonne foi que le droit de grâce n'étant par lui-même qu'une dérogation de la justice et, comme l'a dit un criminaliste célèbre, « une improbation tacite des lois existantes », il importe de lui imposer certaines limites qui ne puissent jamais être dépassées. Ce sera le seul moyen de prévenir les abus scandaleux que nos modernes publicistes ont souvent signalés.

QUATRIÈME PARTIE.

LES REMÈDES.

QUATRIÈME PARTIE.

LES REMÈDES.

Après avoir indiqué les causes principales et secondaires de la progression de la criminalité, je dois m'occuper des remèdes que me paraît comporter la situation.

Ces remèdes consistent naturellement dans la suppression des causes.

S'il est vrai que la progression de la criminalité tienne à la mauvaise organisation du jury, aux vices du système pénitentiaire, au mauvais usage des circonstances atténuantes, aux lacunes de l'enseignement public, à l'abus du droit de récusation et du droit de grâce, la conclusion qui s'impose, c'est que la loi criminelle doit être réformée sur ces divers points.

Mais il est d'autres questions dont quelques criminalistes ont signalé l'importance et qu'il est impossible de passer sous silence dans une étude comme celle-ci.

Dans le cas où des réformes devraient être introduites dans notre loi criminelle, ne conviendrait-il pas :

1° De modifier la loi de 1872, quant au choix des personnes chargées de dresser la liste du jury ?

2° D'étendre la compétence des chambres d'accusation et de leur donner la faculté de renvoyer devant les tribunaux correctionnels, suivant les circonstances, certains faits déférés actuellement aux cours d'assises ?

3° D'adopter une autre formule, tant pour les questions posées au jury que pour les verdicts qu'il est appelé à rendre ?

Je vais examiner aussi rapidement que possible ces trois propositions.

CHAPÍTRE 1er.

MODIFICATION DE LA LOI DE 1872, QUANT AU CHOIX DES PERSONNES CHARGÉES DE DRESSER LA LISTE DU JURY.

« L'institution du jury sera bonne ou mauvaise, selon que les jurés seront bien ou mal choisis. »

C'est en ces termes que la question était posée par Napoléon, lors des discussions qui s'engagèrent en 1807, dans le Conseil d'État, sur l'institution du jury.

Cette parole a été vivement critiquée par quelques publicistes, qui n'ont pas manqué d'y voir une preuve nouvelle de cet esprit despotique que l'Empereur apportait dans tous ses actes.

En admettant que ce reproche soit fondé, il faut convenir qu'il ne s'adresserait pas seulement à Napoléon et que tous les gouvernements qui ont précédé ou suivi l'Empire le mériteraient également. Tous, sans exception, même les gouvernements révolutionnaires, ont compris que la justice ne devait pas être à la merci du hasard et que, de toutes les missions que la loi peut donner à un citoyen, il n'en est aucune qui exige plus de discernement, d'indépendance et de moralité. Il suffit, pour s'en convaincre, de parcourir les diverses législations qui, depuis 1791, ont successivement régi la matière.

Sous le code de 1791, la liste du jury était dressée, sur la proposition du procureur général, par le di-

rectoire départemental qui pouvait la modifier à
son gré.

« Nous avons pensé, disait Duport, le principal
« auteur de la loi sur le jury, que faire deux listes,
« dont l'une au choix d'un officier public et l'autre
« composée par le sort, était le meilleur système.
« Mais il faut un choix, une espèce de *récusation*
« *préliminaire* exercée par cet officier public, qui
« garantisse que le citoyen appelé a les qualités
« nécessaires. Il est, en effet, des conditions indis-
« pensables et sur lesquelles on ne peut pas transi-
« ger : un homme suspect ne saurait être juré. »

Ce droit de contrôle fut maintenu aux agents du
pouvoir exécutif par les lois subséquentes de l'an
II et de l'an IV, qui en modifièrent seulement l'application.

Le code d'instruction criminelle de 1808, après
avoir déterminé les conditions nécessaires pour
remplir les fonctions de juré, chargeait les préfets
d'extraire de la liste générale, à chaque session,
soixante électeurs appelés à faire le service.

Sous la Restauration et sous le gouvernement de
Juillet, ce fut encore à l'autorité administrative que
fut confié le soin de dresser la liste du jury.

Après la Révolution de Février 1848, il ne pouvait
plus être question de l'intervention de l'administration dans cette opération, alors surtout que le jugement des délits politiques venait d'être déféré au
jury. Dès le mois de mars, le gouvernement provisoire décrétait que « tous les citoyens étaient élec-

teurs et tout électeur juré, et que le jury serait pris
à l'avenir sur la liste électorale. »

C'était la première fois que le législateur songeait
à n'accepter que du hasard les citoyens appelés à
concourir à l'administration de la justice criminelle. Aussi, l'Assemblée constituante s'empressa-
t-elle, avec un courage dont il faut lui savoir gré,
de répudier cet étrange système et de revenir au
principe de l'épuration. Elle décida que la liste du
jury serait dressée chaque année au chef-lieu du
canton par une commission spéciale composée du
conseiller général, président, du juge de paix et do
deux membres du conseil municipal de chaque
commune du canton.

« Le pouvoir de juger, disait M. Emile Leroux,
« rapporteur de la loi du 12 août 1848, ne peut être
« confié qu'à des hommes dont les lumières et le ca-
« ractère puissent répondre qu'ils en useront avec
« sagesse, qu'à des hommes assez éclairés pour
« discerner l'innocent du coupable, assez fermes
« pour ne pas se laisser dominer par les impres-
« sions du dehors, ou par les préjugés de l'esprit
« de parti..... Ces conditions tiennent à l'essence
« même de l'institution ; elles sont de tous les temps
« et de tout les régimes. »

En 1853, le pouvoir impérial réclama énergiquement le retour à l'ancienne législation, qui reconnaissait à l'autorité administrative seule le droit de
former la liste. La loi du 10 juin 1853 décida que les
jurés seraient choisis par deux commissions, l'une,
siégeant au chef-lieu de canton, composée du juge

de paix et de tous les maires, sous la présidence du juge de paix ; l'autre, siégeant au chef-lieu d'arrondissement, composée de tous les juges de paix, sous la présidence du préfet ou du sous-préfet. La première proposait, la seconde décidait.

Cette législation fut appliquée jusqu'à la révolution de 1870. A cette époque, le décret de 1848 fut remis en vigueur et on revint à la commission cantonale.

Un autre système se produisit en 1872.

Un homme éminent, qui a honoré le pays par son talent et son caractère, M. Dufaure, reconnaissant que le décret de 1848 n'avait donné que de mauvais résultats, trouva une nouvelle combinaison, qui lui parut de nature à concilier tous les intérêts. Au lieu de la commission unique du chef-lieu de canton, où dominait presque exclusivement le principe électif, il proposa d'établir deux commissions distinctes, dont une, composée du juge de paix, président, des suppléants du juge de paix et de tous les maires du canton, serait chargée de dresser une liste préparatoire, tandis que l'autre, composée du président du tribunal civil, président, de tous les juges de paix et de tous les conseillers généraux, dresserait au chef-lieu de l'arrondissement la liste définitive.

Dans la pensée de M. Dufaure, comme dans la pensée du rapporteur de la loi, la création de cette double commission devait faire disparaître la plupart des difficultés qui s'étaient présentées sous les gouvernements antérieurs. On devait trouver réunis

dans cette double commission, en une proportion
équitable, les deux éléments qui avaient jusque-là
tour à tour prévalu d'une façon inégale : l'élément
électif et l'élément judiciaire. La commission cantonale, « avec cette compétence spéciale que devait
lui donner la connaissance des localités et de leurs
habitants », réunirait les premiers éléments destinés à former la liste définitive. Elle communique-
rait ainsi à la liste « son indépendance et son autorité ». Quant à la commission d'arrondissement,
« connaissant mieux la loi et disposée à en assurer
le respect, elle contrô'erait le travail de la première commission avec cette haute impartialité
qu'on n'a pas toujours sur les lieux et à côté des
personnes intéressées ». Dans le cas où l'élément
électif se serait laissé aller à « des caprices injustes
ou à des entraînements passionnés », l'élément judiciaire, prépondérant dans la seconde commission, ne manquerait pas d'intervenir et de défendre
les intérêts de la justice.

Cette dernière commission aurait donc principalement pour mission de « réparer les fautes et les
erreurs de la première. »

Ce projet de loi donna lieu, dans le sein de l'Assemblée constituante, à des discussions longues et
passionnées, et ce n'est pas sans peine que l'éloquent garde des sceaux parvint à le faire adopter.
Alors que la droite de l'Assemblée trouvait que M.
Dufaure faisait une trop grande part à l'élément
électif, le parti radical lui reprochait de proposer

une loi qui n'était qu'une « loi de parti, inspirée uniquement par des passions politiques. » D'après les orateurs appartenan. à ce côté de l'Assemblée, les fonctionnaires composant les deux commissions, la seconde surtout, « n'offraient aux accusés aucune garantie d'indépendance. » Les juges de paix, notamment, se trouvant placés sous « la main impérieuse des parquets », le choix des jurés allait être « à la discrétion des magistrats de l'accusation ». Quant à la présence du président du tribunal dans la seconde commission, avec voix prépondérante, elle serait nécessairement la source des plus graves abus, « par suite de la pression quo ce magistrat ne pouvait manquer d'exercer sur des fonctionnaires placés sous sa dépendance et dont tout l'avenir était entre ses mains. » Une mission de cette nature ne pouvait être confiée qu'à des citoyens issus de l'élection, car « c'était là seulement qu'on trouvait l'indépendance, l'impartialité et les lumières. »

M. Dufaure riposta, selon son habitude, avec esprit et vigueur, et parvint à faire repousser la plupart des amendements.

Cette loi, qui porte la date du 24 novembre 1872, est celle qui nous régit encore aujourd'hui.

Seize années se sont écoulées depuis lors et on peut se demander si les résultats ont répondu aux espérances du garde des sceaux de 1872.

Il faut reconnaître aujourd'hui que, malgré sa

haute intelligence et sa grande expérience des affaires, M. Dufaure s'est trompé sur deux points importants : d'abord, sur le rôle que devait jouer la commission d'arrondissement vis-à-vis de la commission cantonale ; ensuite, sur l'efficacité du concours qu'il attendait des juges de paix.

Ce que voulait M. Dufaure, c'était surtout soustraire la liste du jury « aux influences politiques, aux passions locales, aux côteries de clocher ». Les hommes appelés à remplir les hautes fonctions de juge devaient, suivant lui, réunir trois conditions : « une existence respectable, une capacité suffisante, une indépendance absolue. »

M. Dufaure pensait bien que les choix de la commission cantonale laisseraient souvent beaucoup à désirer ; que la formation de la liste serait pour les passions politiques et les côteries locales une occasion fréquente de lutte ; mais comme le travail de cette première commission ne devait avoir qu'un caractère provisoire, il espérait que ses erreurs seraient facilement réparées par la seconde, principalement composée de magistrats et investie d'un pouvoir plus étendu.

Malheureusement, les choses ne se sont point passées comme l'avait pensé M. Dufaure. Les influences politiques, les passions locales, les côteries de clochers ont continué d'agir comme par le passé dans les commissions cantonales. Les maires du canton, formant la presque unanimité dans ces commissions, cherchent avant tout à exclure de la liste ceux qui ne partagent pas leurs opinions politiques. Dans le plus grand nombre des communes, l'exclusion porte sur les conservateurs ; dans d'autres, ce sont les républicains qui sont écartés. On s'obstine, des deux côtés, à confondre, conformément à la vieille tradition révolutionnaire, le juré avec l'électeur, oubliant que l'unique mission du juré est de juger les infractions à la loi sociale.

Qu'on ajoute à cela les exclusions de complaisance, omissions involontaires, les confusions inévitables dans une opération de cette nature, et on comprendra ce que peut être le travail de cette première commission à laquelle on a si légèrement abandonné ce qu'on voulait avec raison retirer à l'administration.

La seconde commission, il est vrai, a le droit de contrôle et de révision sur cette première liste, mais, en fait, elle ne contrôle et ne révise presque jamais ; elle se borne généralement à enregistrer le travail qui lui est présenté. Le législateur avait compté sur la réciprocité de surveillance; il aurait dû s'attendre à la réciprocité des concessions.

Quant à l'intervention des juges de paix, elle n'a pas produit non plus les bons effets que l'on attendait. Dans la première commission, le juge de paix représente seul l'élément judiciaire. Il a pour assesseurs tous les maires de canton, dont le nombre est quelquefois assez considérable. Quelle peut être l'autorité de sa direction et de ses conseils sur des fonctionnaires d'un autre ordre, beaucoup plus indépendants que lui, et qui tiennent généralement peu à être dirigés et conseillés ? La composition de cette première liste est donc à la discrétion à peu près absolue de l'élément électif.

Dans la seconde commission, les juges de paix se trouvent en présence du président du tribunal, mais ce magistrat n'exerce plus sur eux la légitime influence sur laquelle on avait compté. Tous les conseillers généraux de l'arrondissement font aussi partie de la réunion, et si un dissentiment vient à se produire entre les élus du suffrage universel et le président, on peut être certain d'avance que le dernier mot n'appartiendra pas au président.

Les juges de paix étaient pris autrefois parmi les personnes notables du pays et exerçaient autour d'eux une influence réelle, en dehors des partis et des côteries, mais les choses ont bien changé depuis quelques années. Ce qu'on demande avant tout à ces magistrats, ce sont des titres politiques. L'administration a mis la main sur l'institution et les nominations, comme les avancements, ne se font plus que par l'intermédiaire des députés, des sénateurs et des préfets. Quant aux présidents des tribunaux, ils ne sont pas même consultés, si ce n'est dans des occasions exceptionnelles. On comprend que, dans ces conditions, les juges de paix doivent être peu disposés à engager avec les représentants de l'élément politique une lutte dont l'issue ne pourrait que leur être fatale.

Il résulte de ce qui précède qu'un grand nombre de citoyens parfaitement honorables, attachés au monde social par leur éducation, leur fortune, leur profession, leurs études, se trouvent systématiquement écartés de la liste du jury, contrairement au vœu du législateur, qui a voulu appeler à ces fonctions les plus dignes et les plus capables.

Dans cette exclusion se trouve naturellement comprise cette vieille bourgeoisie française, si intelligente et si modérée, où se recrutait principalement l'ancien jury. Ce qui abonde aujourd'hui sur les listes, ce sont des hommes d'une éducation et d'une capacité au-dessous de la moyenne, des hommes livrés à des travaux manuels, souvent de simples cultivateurs sachant à peine lire et écrire, dont quelques-uns demandent à être excusés, « comme ayant besoin de leur travail pour vivre ». Que peuvent être ces juges improvisés au milieu des discussions passionnées de la cour d'assises, sous l'influence de la parole d'un avocat éloquent et habile? De tels hommes sont fatalement portés à se réfugier dans le doute, et le doute c'est l'acquittement.

En résumé, c'est l'élément électif, c'est-à-dire l'élément politique qui l'emporte aujourd'hui comme autrefois sur l'élément judiciaire dans la confection de la liste du jury. C'est tout à la fois une combinaison vicieuse et une véritable usurpation.

La principale cause du mal vient, je l'ai déjà dit, de ce qu'on n'est pas parvenu encore à s'entendre sur le but et la nature de l'institution.

Le jury est-il une institution judiciaire, une institution administrative, ou une institution politique ?

Toute la question est là.

Si c'est une institution judiciaire, comme tout le

monde en convient, qu'ont à faire l'administration et la politique dans le choix des jurés ?

« Si ce choix, disait avec raison M. de Massa, lors de la discussion du code en 1808, a été autrefois confié à l'administration, c'est parce que l'Assemblée constituante saisissait toutes les occasions d'abaisser l'autorité judiciaire, »

C'était, en effet, une époque de réaction contre les lois et les représentants d'un régime voué à la destruction. Les attributions de la magistrature sont aujourd'hui nettement définies. Par suite de la division des pouvoirs, elle n'a plus à s'ingérer dans l'administration ; son action s'exerce exclusivement dans le cercle qui lui est tracé. Il n'y a donc plus de motif pour refuser de rendre au pouvoir judiciaire un droit qui découle de la nature des choses et se rattache d'ailleurs à un grand intérêt social.

Pour arriver à ce résultat, que faudrait-il ?

Puisqu'il s'agit d'une opération toute *judiciaire*, il semble que les magistrats de l'ordre judiciaire devraient seuls y concourir. C'est ce qui se pratique dans d'autres États, notamment en Belgique, où la liste préparatoire est soumise au président du tribunal, qui arrête définitivement celle du jury du jugement. Mais comme il ne faut vouloir que le possible, je me bornerai à demander que la loi de 1872 soit modifiée sur deux points.

D'une part, il faudrait que la présidence de la commission cantonale appartînt non au juge de paix du canton, mais à un juge délégué par le tribunal, sauf à laisser siéger le juge de paix comme vice-président. D'autre part, je voudrais que la seconde commission fût composée de tous les membres du tribunal civil, assistés des juges de paix des divers cantons, sous la présidence du président du tribunal.

Les conseillers généraux se trouveraient ainsi éliminés de la seconde commission, ce qui serait bien plus conforme au but et à l'esprit de la loi. A la rigueur, on comprend l'intervention des maires dans la commission cantonale, lorsqu'il ne s'agit que d'un travail préparatoire et qu'il importe de recueillir de simples renseignements sur le caractère et les antécédents des personnes qui doivent être inscrites sur la liste. Mais quelle utilité peut avoir la présence des conseillers généraux dans la commission d'arrondissement ? Quel concours peut-on en attendre au point de vue judiciaire ? Les conseillers généraux sont aujourd'hui des hommes exclusivement politiques et obéissent bien plus à des préoccupations politiques qu'aux nécessités de la justice. On a vu que leur intervention n'avait pas produit jusqu'ici les résultats qu'on en attendait. Ce qu'il y a de mieux à faire, c'est de les exclure complètement.

Je n'ai pas besoin de faire ressortir les avantages que présenterait la présence d'un magistrat inamovible et indépendant dans la commission cantonale. Ce magistrat, dont l'autorité serait bien plus grande que celle du juge de paix, n'aurait pas de peine à faire comprendre aux maires du canton, réunis sous sa présidence, que le choix des jurés n'est pas une affaire de hasard ou de complaisance ; que la politique n'a pas à intervenir dans cette circonstance ; que le pouvoir de juger exige des qualités particulières d'intelligence et de moralité, et que le gouvernement républicain a tout autant besoin qu'un autre d'une justice honnête, ferme et éclairée. Je suis convaincu que de telles considérations, présentées avec tact et convenance, produiraient un excellent effet.

Quant à la seconde commission, composée entièrement de magistrats, on peut dire qu'elle représenterait réellement l'élément judiciaire et qu'elle répondrait bien mieux à l'esprit de la loi de 1872, qui a voulu assurer à la magistrature, dans la formation définitive des listes, une prépondérance décisive sur cet élément perpétuellement agité et mobile qu'on appelle l'élément politique.

« Il faut absolument, disait le rapporteur de la loi,
« que la magistrature ait la prépondérance dans
« cette commission, car autrement les juges de
« paix se trouveraient seuls en présence des con-
« seillers généraux, c'est-à-dire en présence de l'é-
« lément électif, et verraient leur légitime influence
« souvent absorbée par celle de leurs collègues.....
« Il faut qu'un magistrat aussi haut placé que le
« président du tribunal intervienne alors et main-
« tienne aux juges de paix l'autorité dont ils ont
« besoin quand ils se trouvent en présence des élus
« du suffrage universel. »

Je ne sais si je me trompe, mais il me semble qu'une liste composée dans ces conditions devrait être acceptée par tous les esprits sérieux et imposer silence à toutes les récriminations.

Une seule objection peut se présenter. C'est que le jury peut avoir à s'occuper quelquefois d'affaires politiques, et qu'ils convient dès lors que l'élément politique soit représenté dans les commissions.

Je demanderai à mon tour quelles sont les affaires politiques qui sont aujourd'hui portées devant les cours d'assises, en dehors de la cour d'assises de la Seine. J'ai appartenu pendant quarante ans à un tribunal chef-lieu judiciaire, et, dans ce long intervalle, je n'ai vu que 7 ou 8 fois des délits de presse déférés à la cour d'assises de mon département, réputé cependant comme l'un de ceux où les passions politiques sont les plus ardentes. Peut-il être permis, en prévision de quelques faits exceptionnels, de fausser une loi aussi fondamentale que celle du jury et de sacrifier à un intérêt problématique les nécessités de la justice en matière de droit commun ?

Au surplus, dans le cas où l'attribution au jury des affaires politiques devrait être un obstacle à la bonne composition des listes, je suis d'avis qu'il n'y aurait pas à hésiter et qu'il conviendrait de confier à une autre juridiction le jugement de ces sortes d'affaires.

Je prévois toutes les objections que peut soulever une telle conclusion. Dans tous les pays libres, le jury est considéré comme le juge naturel, on pourrait dire le juge nécessaire de toutes les affaires politiques et de tous les délits de presse. Ce principe est devenu comme un des lieux communs de la polémique courante, et bien hardi serait le publiciste qui chercherait à le combattre. Quant à moi, je n'ai jamais été, j'en conviens, un partisan bien convaincu de cette théorie, et tous les faits dont je suis chaque jour témoin me paraissent de nature à motiver de plus en plus mes réserves.

La diffamation et l'injure contre les représentants de l'autorité et contre les particuliers sont passés en France à l'état de maladie endémique. Nous n'avons pas compris que ce formidable droit de tout dire, que nous avons conquis à la suite de nos révolutions, imposait à ceux qui l'exercent des obligations plus étroites et plus rigoureuses, et qu'un combat par la plume devait avoir ses règles, comme autrefois le combat par l'épée. A force de tout croire et de tout dire, nous finirons pas devenir une nation de diffamateurs, comme les Romains dans leur décadence étaient devenus une nation de délateurs, et tout se terminera comme chez eux, après une glorieuse histoire, par des querelles sans courage, sans dignité et sans grandeur.

De bonne foi, peut-on croire que le jury de nos jours, à la fois faible et passionné, dominé par l'esprit de parti et de secte, soit capable de mettre un frein à ce débordement inouï de plume et de langage ?

Ce n'est pas que je sois plus partisan du système qui consiste à attribuer à la magistrature le jugement des affaires politiques. Je trouve au contraire

cette attribution pleine de dangers pour la magistrature et absolument contraire à l'esprit et au but
de son institution. Il importe de la laisser-dans son
domaine naturel et d'éloigner d'elle un fardeau qui,
tout en lui donnant un pouvoir politique plus considérable, amoindrirait d'autant son pouvoir judiciaire et sa légitime influence.

Alors que faire ? Créer tout simplement des jurys
spéciaux, compos.   d'hommes recommandables
par leurs services, leur situation, leurs lumières et
offrant à la société des garanties un peu plus sérieuses que les douze citoyens auxquels la loi confie
aujourd'hui ce mandat.

Je livre à qui de droit ces courtes observations,
qui s'éloignent peut-être un peu de mon sujet et
que les limites de ce travail m'empêchent, à mon
grand regret, de développer plus longuement.

CHAPITRE II.

EXTENSION DES POUVOIRS DE LA CHAMBRE DES MISES EN ACCUSATION POUR LE RÈGLEMENT DE LA COMPÉTENCE.

En présence du mouvement incessant de la criminalité et de la faiblesse de plus en plus démontrée du jury, plusieurs écrivains se sont demandé s'il ne conviendrait pas de restreindre les attributions du jury en autorisant les chambres d'accusation à renvoyer les accusés devant les tribunaux correctionnels, toutes les fois que, par l'effet de circonstances particulières, le fait réputé *crime* par le Code pénal n'aurait à leurs yeux que la valeur morale d'un *délit* et leur paraîtrait passible seulement d'une *peine correctionnelle*.

Cette thèse a été soutenue par deux savants magistrats, M. Bonneville, autrefois conseiller à la cour d'appel de Paris, et M. Rousset, ancien juge d'instruction à Marseille, actuellement conseiller à la cour d'appel d'Aix.

La compétence criminelle, dit M. Bonneville, se trouve déterminée dans le Code de 1810, non par la nature intrinsèque du fait, mais par la nature de la peine encourue, peine qui était fixée invariablement par l'ancienne législation pour chaque espèce de méfait. *Le crime*, c'est l'infraction punie de peines afflictives ou infamantes ; le *délit*, c'est l'infraction punie de peines correctionnelles.

Cette classification avait sa raison d'être sous la législation antérieure à 1832, mais les profondes modifications apportées à cette époque à l'art. 463 du Code pénal, en permettant l'abaissement de deux degrés des peines édictées, ont complètement altéré les bases de ce système régulateur de la compétence. Il en résulte que les juridictions criminelle et correctionnelle, autrefois séparées par une ligne de démarcation infranchissable, sont aujourd'hui tellement rapprochées et confondues que, pour les crimes inférieurs, la cour d'assises se trouve habituellement abaissée au rôle subalterne de tribunal correctionnel, et que, par un renversement des notions les plus élémentaires en matière de répression, cette juridiction, si redoutée jadis, est appelée à prononcer, dans une même audience, pour des faits également qualifiés crimes, des peines qui varient de la peine de mort ou des travaux forcés à perpétuité à deux années et même à une année d'emprisonnement. Les cours instituées pour la distribution des peines criminelles se trouvent ainsi transformées en tribunaux correctionnels, à tel point que ce n'est que *par exception* qu'elles prononcent des peines criminelles.

M. Bonneville conclut de là que les circonstances atténuantes, opérant par l'abaissement des peines l'abaissement inévitable de la juridiction criminelle, constituent un élément nouveau qui doit forcément entrer aujourd'hui dans le règlement de la compétence. En conséquence, il propose d'attribuer aux chambres d'accusation le droit de déclarer,

d'après l'instruction écrite, les circonstances atténuantes et de renvoyer les prévenus devant les tribunaux correctionnels lorsque l'admission de ces
circonstances doit amener l'application d'une peine
correctionnelle. Il ajoute que le rôle si surchargé
des cours d'assises serait ainsi dégrevé d'une masse
d'affaires peu importantes qui, après un vain déploiement de formes et de solennités rigoureuses,
se terminent toutes, en cas de verdict affirmatif,
par une condamnation à une ou deux années d'emprisonnement. La durée des sessions d'assises, en
moyenne de deux semaines, se trouverait réduite
de moitié, ce qui réduirait d'autant « l'énorme im-
pôt de plus de 4.000 journées de dévouement que
chaque année les jurés paient à la justice du pays. »

Tout en adhérant à ces considérations, M. Rousset en invoque d'autres, fondées principalement
sur la mollesse, l'incapacité et l'insuffisance du jury.
Il ne suffit pas, d'après lui, que la répression soit
juste et prompte, il la faut *certaine*. Or, cette certitude n'existe pas au grand criminel. L'expérience
de chaque jour démontre que la justice du jury est
arbitraire et incertaine, puisqu'elle enlève à la répression près du tiers des accusés traduits devant
les assises, malgré les informations les mieux dirigées et les plus consciencieuses, malgré les preuves
les plus évidentes, quelquefois même malgré l'aveu
de l'accusé. Le jury n'est donc pas, en général, à la
hauteur de ses fonctions ; il ne répond pas à l'esprit
de son institution ; chez lui, la fonction excède

l'homme. Qu'on compare le juré avec le juge permanent et on verra quel est celui qui offre à la société le plus de garanties au double point de vue de la liberté individuelle et de la défense sociale. D'un côté, l'expérience, les lumières, l'impartialité, le sentiment du devoir; de l'autre, la légèreté, l'inexpérience, la fausse pitié, le caprice, et enfin l'absence complète de ce *sens judiciaire* que peuvent seules donner la pratique des affaires et l'étude des lois.

Il importe assez peu, d'après M. Rousset, que les peines soient infamantes ou correctionnelles ; ce qui importe surtout, c'est que le coupable soit puni. Si on ne doit attacher qu'un intérêt secondaire à la durée de la peine, on doit par contre en attacher un très grand à ce qu'un fait punissable ne reste pas sans répression par suite de la faiblesse et de l'incapacité du juge.

La conclusion de M. Rousset est la même que celle de M. Bonneville. La disposition du Code d'instruction criminelle qui ordonne, en cas de crime, le renvoi de l'accusé devant les assises, doit être rectifié en ce sens que les juges de la compétence aient la faculté, suivant les circonstances particulières de la cause, de renvoyer l'accusé devant le tribunal correctionnel.

Je viens d'exposer très sommairement la théorie des deux honorables magistrats : il semble au premier abord que cette proposition n'est guère de nature à soulever des objections sérieuses. Elle a été cependant combattue très vivement par plusieurs criminalistes, en tête desquels il faut placer le savant auteur de la *Théorie du Code pénal* et de la *Théorie du Code d'Instruction criminelle.*

D'après M. Faustin Hélie, la proposition de MM. Bonneville et Rousset ne tendrait à rien moins qu'à porter à l'institution du jury une grave atteinte, en même temps qu'elle ouvrirait la porte aux plus regrettables erreurs, aux injustices les plus criantes. Les chambres d'accusation n'ont pour se prononcer que l'instruction écrite; elles n'entendent ni l'accusé ni les témoins; comment pourraient-elles constater d'avance toute cette classe de faits atténuants qui ne se produisent ordinairement qu'à l'audience ? Dans l'état actuel de notre législation, elles sont d'ailleurs incompétentes pour connaître des faits d'excuse; il faudrait donc détruire cette règle en leur attribuant le droit de déclarer des circonstances atténuantes, qui ne sont que des faits d'excuse indéterminés. D'autre part, peut-on imaginer une compétence plus ondoyante, plus incertaine, plus arbitraire que celle qui résulterait de ce système ? Les règles de compétence établies par la loi sont des règles fixes et pour ainsi dire immuables. Or, cette stabilité ne cesserait-elle pas complètement par l'effet des tendances diverses des cours et des vues contradictoires qui dirigeraient leurs décisions ?

Indépendamment de ces raisons juridiques M. Faustin Hélie soutient, en fait, qu'il n'existe aucun relâchement, aucun affaiblissement dans la répres-

sion. Il va même plus loin et déclare « qu'à aucune époque la justice répressive n'a fonctionné
avec plus d'activité, qu'à aucune époque les jurés
n'ont fait preuve de plus d'intelligence et de fermeté. »

Voilà les deux thèses en présence. Il s'agit maintenant de rechercher quelle est celle qui s'accorde
le mieux avec l'intérêt social, avec la raison, avec
la justice.

Il y a ici deux questions qu'il faut se garder
de confondre : une question de principe et une question de fait.

En principe, le législateur a-t-il le droit et le
devoir de réformer la loi pénale lorsque cette loi
lui paraît incomplète ou insuffisante, d'étendre ou
de restreindre les attributions du pouvoir judiciaire selon les besoins et les exigences de chaque
époque ?

En fait, y a-t-il réellement progression dans la
criminalité, et cette progression exige-t-elle des
mesures nouvelles propres à arrêter le mal et à ras-
surer les honnêtes gens ?

M. Faustin Hélie n'élève aucune objection contre
le principe. « S'il était vrai, dit-il, que l'ordre so-
« cial fût sérieusement menacé, s'il était démon-
« tré par des chiffres soigneusement contrôlés que
« la loi actuelle fût insuffisante pour réformer une
« criminalité toujours envahissante, je ne pense-
« rais point que cette loi dût rester immuable....
« Les lois pénales qui ont pour fondement la loi so-

« ciale, la conservation de la société, la nécessité
« d'y maintenir une forte discipline, doivent pro-
« portionner leurs efforts aux difficultés de leur mis-
« sion. Destinées à protéger l'ordre, elles doivent être
« en rapport avec les périls que l'ordre peut courir :
« plus douces quand la civilisation adoucit les
« mœurs, plus sévères quand les crimes se multi-
« plient et que les mœurs se corrompent. »

Le droit et le devoir du législateur étant ainsi
reconnus, arrivons à la question de fait.

Est-il vrai, comme le prétend M. Faustin Hélie,
que non seulement il n'existe aucune progression
dans la marche de la criminalité, mais qu'à aucune époque le jury n'ait fait preuve de plus d'intelligence et de fermeté ? Dans ce cas, bien loin de
restreindre les attributions du jury, il faut, comme
le demande l'éminent criminaliste, les étendre de
plus en plus.

Est-il vrai, au contraire, comme je crois l'avoir
démontré dans la seconde partie de cette étude,
qu'il y ait progression pour les crimes les plus
graves ; que le nombre des délits ait triplé depuis
cinquante ans ; que le nombre des récidives augmente d'une période à l'autre dans d'effrayantes
proportions ; que l'enfance soit de plus en plus corrompue et pervertie ?

Si tout cela est vrai, que deviennent les savantes
théories de M. Faustin Hélie ? De telles disserta-
tions peuvent avoir un grand intérêt pour les jurisconsultes de profession, mais elles n'en ont pas
pour les praticiens, qui savent bien que les abs-

tractions et les principes ne suffisent pas pour éclairer et diriger l'humanité et que le législateur doit consulter avant tout, en cette matière, les besoins de la défense sociale.

Il convient d'ajouter que M. Faustin Hélie écrivait il y a trente ans et que son opinion se serait probablement modifiée en présence de la situation actuelle.

En résumé, une conclusion s'impose à tous les esprits sensés : c'est que la loi pénale doit être réformée à l'effet d'obtenir une justice plus éclairée, plus ferme, plus égale et plus certaine. L'extension des attributions des chambres d'accusation doit-elle être placée au nombre des mesures susceptibles de produire ce résultat ? C'est ce qui reste à examiner.

L'idéal de la loi pénale a été, dans tous les pays et à toutes les époques, de trouver une proportion aussi exacte que possible entre la faute et le châtiment. Toute l'histoire de la législation pénale n'est qu'une éclatante confirmation de cette idée ; seulement de grandes difficultés se sont produites lorsqu'il a été question d'en faire l'application.

Faustin Hélie, dans sa *Théorie du Code pénal*, reconnaît que « la gradation rigoureuse des peines est un but vers lequel on doit tendre sans cesse, mais qu'on n'est jamais sûr d'atteindre complètement. »

Ortolan, après avoir examiné la question, déclare que « la conclusion de la science, c'est qu'il faut

renoncer en cette matière à toute prétention d'exac-
titude mathématique. »

D'après Rossi, « la peine doit se proportionner à la
nature des devoirs violés et à la moralité de l'agent,
mais ce rapport entre la peine et le délit est une
vérité d'intuition. »

Le législateur français ne s'est guère préoccupé
du côté philosophique et moral de la question. Il
divise les infractions à la loi en trois classes et les
qualifie ainsi qu'il suit :

« L'infraction que les lois punissent de peines de
« police est une *contravention*. — L'infraction que
« les lois punissent de peines correctionnelles est
« un *délit*. — L'infraction que les lois punissent
« d'une peine afflictive ou infamante est un *crime*. »
(Art. 1ᵉʳ du C. pén.)

Le principe posé par notre code est, comme on
le voit, d'une extrême simplicité, mais il n'est
guère d'accord avec la raison et la logique. C'est
une sorte de tarif où la gravité de l'infraction se
trouve évaluée, non d'après sa valeur morale, mais
d'après la nature de la peine encourue. Ainsi, pour
savoir si le fait incriminé est un crime, un délit ou
une simple contravention, il n'y a pas lieu de rechercher en quoi consiste ce fait et jusqu'à quel
point il est contraire aux règles et aux principes
de la morale, il suffit de regarder dans le code de
quelle nature de peine il est frappé. Cette classification bizarre se réfère exclusivement aux trois
natures de compétences qui attribuent les contra-
ventions aux tribunaux de police, les délits aux

tribunaux correctionnels, les crimes aux cours
d'assises.

Il suit de là que certains faits d'une moralité
tout à fait analogue, tout à fait identique peuvent
se trouver placés dans une catégorie toute différente.
Les uns constituent un crime, les autres un délit,
quoique, aux yeux de la morale, les derniers présentent quelquefois beaucoup plus de gravité que
les premiers. N'est-il pas sensible, par exemple,
qu'entre le vol d'un pain, commis sous l'influence
d'une faim pressante, mais avec circonstances aggravantes, et le vol de cent mille francs, commis
après une longue préméditation, par un récidiviste
consommé dans le crime, mais sans circonstances
aggravantes, il existe une énorme différence morale ?
Le premier vol est classé cependant parmi les crimes
et le second parmi les délits. Aux termes de la loi,
tout homicide commis volontairement est qualifié
meurtre, et tout meurtre commis avec préméditation
ou guet-apens est qualifié *assassinat*. De cette
manière, le scélérat qui tue pour voler est mis sur
la même ligne que l'honnête homme qui, dans un
moment de colère provoqué par une grave injure,
a le malheur de donner la mort à son adversaire.

Ce que je dis du vol et de l'assassinat s'applique
indistinctement à toutes les infractions. Il y a dans
tous ces faits des nuances infinies qui donnent à
chacun un caractère particulier dont le législateur
ne peut tenir compte à l'avance. La moralité et la
gravité de la faute se modifient suivant les circonstances des faits, la position de l'accusé, ses antécé-

dents et son éducation, les exemples qu'il a reçus, et même quelquefois suivant la position et les antécédents de la victime. Tous les faits punis de la même peine ont le même caractère légal, mais on peut dire qu'au point de vue moral il existe souvent entre eux un véritable abîme.

Il est vrai que la loi a donné au juge chargé d'appliquer la peine une certaine latitude par la fixation d'un *maximum* et d'un *minimum*, qui lui permet de punir plus ou moins sévèrement le coupable, mais combien de fois n'arrive-t-il pas que le *minimum* légal, que le juge ne peut dépasser, se trouve encore en disproportion évidente avec la gravité de l'acte incriminé !

Cet état de choses a produit d'étranges résultats. Pour le juge correctionnel, la situation est bien simple. Il est à l'égard du prévenu l'organe inflexible de la loi violée qui punit et réprime. Il ne peut méconnaître ni le fait matériel ni l'évidence. Son droit se borne à faire au prévenu l'application de la loi pénale, tout en tenant compte des circonstances atténuantes de la cause. Quant au jury, il se trouve dans des conditions bien différentes. L'art. 463 lui permet sans doute, comme au juge correctionnel, de proportionner la peine à la faute et de juger l'homme en même temps que l'accusé. Mais si cet abaissement de la peine n'est pas la mesure de l'indulgence que lui paraît mériter l'accusé, il supprime la peine elle-même et déclare *non coupable* celui que l'évidence matérielle des faits rapprochée des termes de la loi devaient faire condamner.

C'est ce qui arrive fréquemment aujourd'hui pour une certaine catégorie de faits que la loi punit de peines afflictives ou infamantes et que le jury s'obstine à innocenter malgré l'évidence des preuves, malgré les aveux de l'accusé. Il existe sur ce point entre la loi et le jury une lutte flagrante qui augmente chaque jour d'intensité et à laquelle il importe de mettre un terme. Au point de vue de l'intérêt social, ces dénis de justice sont un fait déplorable, car ils attestent qu'un citoyen non coupable a été l'objet d'une poursuite injuste, ou qu'une procédure mal instruite n'a produit à l'audience que des charges insuffisantes, ou que la justice du jury est une mauvaise justice à laquelle il faut renoncer.

Ces acquittements par le jury, que la presse a souvent relevés et condamnés, ne peuvent tenir qu'à deux causes: la trop grande sévérité de la peine édictée par la loi, ou bien la nature des faits soumis à cette juridiction. C'est surtout sur ce dernier point que je tiens à m'expliquer.

Lors de l'institution du jury, il a été formellement établi qu'entre les jurés et les juges permanents les pouvoirs devaient être ainsi répartis : aux jurés la connaissance des faits, aux juges la connaissance du droit. Le fait une fois déclaré constant, l'accusé une fois déclaré coupable, l'application du droit au fait est l'office du juge seul. Cette division de pouvoirs devait, dans la pensée du législateur, être tellement absolue, que tout en recommandant aux jurés « de ne s'attacher qu'à l'acte d'accusation et aux faits qui le constituent ou en dépendent, » il leur défendait de s'arrêter « aux dispositions de la loi pénale et aux suites que pouvait avoir, par rapport à l'accusé, la déclaration qu'ils avaient à faire.»

En interdisant ainsi au jury de se préoccuper des conséquences pénales de son verdict, le législateur a nettement indiqué qu'il n'entendait lui soumettre que des faits d'une appréciation claire et facile, qui doivent se résoudre par l'instinct et le bon sens, plutôt que par l'esprit et la science. Il était loin de prévoir que les plus graves questions de l'ordre moral et de l'ordre social seraient portées un jour devant un tel tribunal. Les questions de libre arbitre, de responsabilité, de provocation morale, de folie et autres, dont la défense s'empare aujourd'hui, ne sont certes pas de celles qui puissent se résoudre par l'instinct et le bon sens ; elles exigent, comme je l'ai déjà dit, une aptitude spéciale et d'autres qualités que n'offrent pas, en général, les membres du jury, quelque soin qu'on apporte à la formation des listes.

Plusieurs jurisconsultes avaient signalé avant MM. Bonneville et Rousset, le danger qu'il y avait à soumettre au jury des affaires d'un certain ordre.

« Je ne pense pas, dit Merlin dans son Réper-
« toire, que pour être propre aux fonctions du
« jury, il suffise d'avoir *une intelligence ordinaire*
« *et de la probité*. Si l'accusé paraissait seul aux
« débats avec les témoins, il ne faudrait sans doute

« que du bon sens pour reconnaitre la vérité dans
« des déclarations et des réponses faites avec sim-
« plicité et dégagées de tout raisonnement ; mais il
« parait presque toujours assisté d'un ou plusieurs
« défenseurs qui, par des interpellations captieuses,
« embarrassent ou égarent les témoins et, par une
« discussion subtile, quelquefois éloquente, enve-
« loppent la vérité de nuages et rendent l'évidence
« même problématique. Certes, il faut plus que de
« bonn. intentions, il faut plus que du bon sens
« pour ne pas se laisser entraîner à ces fausses
« lueurs, pour se garantir des écarts de la sensibi-
« lité et se maintenir invariablement dans la ligne
« du vrai, au milieu de ces insidieuses impressions
« données en même temps à l'esprit et au cœur.....
« Il est des affaires qui, pour être bien appréciées,
« exigent plus que l'habitude du raisonnement et
« sur lesquelles on ne peut avoir des notions exac-
« tes que par une certaine érudition ou par des
« connaissances pratiques sur les objets auxquels
« elle se rattachent. »

Avant Merlin, Montesquieu avait dit : « Le peuple
« n'est pas jurisconsulte; les modifications, les tem-
« péraments des arbitres ne sont pas pour lui ; il
« faut lui présenter un seul objet et qu'il n'ait qu'à
« voir s'il doit condamner ou absoudre. »

Publicistes et criminalistes se trouvent donc d'accord pour reconnaitre que si un sens droit, une intelligence ordinaire et une conscience pure peuvent
suffire pour le jugement des causes qui se rédui-
sent à l'appréciation de faits simples et matériels,

il est des affaires d'un ordre élevé et complexe qui, pour être sainement jugées, ont besoin d'une particulière élévation d'esprit et d'une grande fermeté de caractère.

Ces garanties se trouvent-elles dans cette confusion des listes appelées à fixer plus tard les choix individuels et que les récusations péremptoires viennent encore épurer au jour de l'audience ? Qui se chargera de faire comprendre à ces douze citoyens réunis par le hasard que l'individu poursuivi pour infraction à l'ordre moral doit être puni à l'égal de celui qui s'attaque à l'ordre matériel ; que sans une répression convenable et mesurée pour ces sortes d'infractions, il n'y a plus de société possible ; qu'ils ont juré de ne trahir ni les intérêts de l'accusé, ni ceux de la société qui l'accuse, et que ce serment n'est pas une pure question de forme, mais constitue un véritable engagement d'honneur ?

Ces observations s'appliquent surtout aux affaires criminelles où la passion a joué le principal rôle et qui soulèvent des questions de responsabilité et de folie. Mais il est beaucoup d'autres cas où le même embarras existe pour le jury, tels que le faux, la concussion, la banqueroute, la forfaiture ; véritable dédale de jurisprudence où les plus habiles ne peuvent se reconnaître. Il faut pour juger ces sortes d'affaires des intelligences d'élite, et c'est pour cela qu'elles se terminent presque toujours par l'acquittement des accusés.

Toutes ces conséquences seraient évitées si la

loi donnait aux chambres d'accusation la faculté
de ramener aux proportions d'un *simple délit*, suivant les circonstances relevées par l'instruction
écrite, certains faits qui sont aujourd'hui classés
parmi les *crimes*, par le seul motif qu'il sont punis
de *peines afflictives ou infamantes*: ce serait le seul
moyen d'arriver à cette proportion exacte entre la
peine et l'infraction, qui a toujours été considérée,
ainsi que nous l'avons dit, comme l'éternel problème de la justice humaine. Ce serait aussi le
meilleur moyen de punir le fait incriminé d'après
sa moralité intrinsèque et la perversité de l'agent
et d'éviter ces acquittements scandaleux qui ont soulevé tant de fois la conscience publique. Le jury
cesserait ainsi d'être l'arbitre souverain de la peine;
il n'absorberait plus à son profit, et au grand détriment des intérêts sociaux, la toute-puissance judiciaire.

On a élevé contre ce système plusieurs objections.
Telle n'est pas, dit-on, la mission des chambres
d'accusation. La loi les charge d'examiner, non le
degré de culpabilité des prévenus et la moralité des
faits, mais seulement si la procédure contient des
éléments suffisants pour ordonner le renvoi des prévenus devant la cour d'assises. Notre proposition
aurait donc pour effet, si elle était acceptée, de
renverser le système de la loi et de troubler l'har-
monie du code. D'autre part, comment connaître
avant les débats la véritable valeur des faits ? une
telle appréciation peut-elle se faire autrement que

dans le debat lui-même et (dehors des déclarations des témoins et des explications de l'accusé ? La compétence établie par la législation actuelle repose sur des règles fixes et d'une application facile; celle que nous proposons serait incertaine, arbitraire et conduirait nécessaisement à des résultats étranges et contradictoires.

Ces objections sont en apparence très spécieuses, mais sont-elles bien sérieuses au fond ? est-il bien vrai que l'instruction écrite ne mette pas en lumière, dans la plupart des procès criminels, les circonstances matérielles et morales qui ont précédé ou accompagné la perpétration du fait et qui se rattachent soit à la nature de l'infraction, soit à la personne de l'accusé ? Est-ce que les juges d'instruction n'ont pas pour mission de rechercher tous les faits d'excuse, plus ou moins précisés par la loi, qui peuvent établir des degrés différents dans la culpabilité: l'âge du prévenu, ses antécédents, sa bonne conduite antérieure, son degré d'intelligence, sa situation de famille, les mobiles auxquels il a obéi, les entrainements auxquels il a pu céder ; en un mot, tout ce qui peut être de nature à éclairer les juges sur le caractère moral de l'acte et la perversité de l'agent ? est-ce que la chambre d'accusation, de son côté, n'a pas compétence pour rechercher si l'accusé a agi avec une intention criminelle, et par conséquent pour connaître des faits de démence, de force majeure ou de légitime défense qui peuvent être invoqués en faveur de l'accusé ? est-ce que tous les éléments d'appréciation recueillis dans une instruction bien faite ne sont pas connus avant le débat et en état d'être pesés par les juges de la compétence ? Faudra-t-il nécessairement attendre le jour de l'audience pour leur attribuer leur caractère moral ? il pourra sans doute se produire quelques cas où le juge d'instruction, malgré toute sa bonne volonté et tous ses efforts, n'aura pu recueillir sur ce point les renseignements nécessaires, mais ces cas seront fort rares et ne sauraient atténuer la valeur des considérations qui précèdent. La chambre d'accusation devra alors se borner à renvoyer l'accusé devant la cour d'assises, comme en matière ordinaire.

On objecte encore l'arbitraire qui pourrait résulter de la nouvelle attribution réclamée pour les chambres d'accusation. Je ne conteste pas qu'il pourra résulter de là quelques décisions contradictoires, mais ces contradictions n'existent-elles pas au plus haut degré dans les décisions du jury ? Ne voit-on pas tous les jours des accusés condamnés en cour d'assises pour les crimes les plus légers et les moins établis, alors que d'autres accusés poursuivis pour des crimes graves et dont la culpabilité est évidente échappent à toute répression ? Est-ce que le jury, dont la mission est de s'expliquer surtout sur le fait matériel, n'est pas invité aujourd'hui par la loi elle-même, pour répondre à la question des circonstances atténuantes, à apprécier la moralité du fait et sa proportion avec la peine ? Il y a, je le sais, dans la salle des délibérations, une belle instruction qui lui fait un devoir de concentrer toute son attention sur les faits du procès et de ne pas se préoccuper des conséquences pénales de son verdict, mais quel est le juré qui prend cette invitation au sérieux et y conforme sa conduite ? N'arrive-t-il pas fréquemment que les présidents d'assises sont appelés dans la salle des délibérations pour faire connaître au jury la peine que la cour se propose d'appliquer ? Les magistrats eux-mêmes ne faussent-ils pas les règles établies par la loi, lorsqu'ils renvoient en police correctionnelle, en écartant volontairement les circonstances aggravantes, des faits qualifiés crimes par le Code pénal et punis de peines afflictives ou infamantes ? Cette pratique, à l'usage d'un grand nombre de tribunaux, a reçu un nom qui n'a pas plus droit de cité dans la langue que l'acte qu'il désigne n'a droit de cité dans la loi : on l'appelle d'un mot barbare : la *correctionnalisation* ; d'autres disent la *décriminalisation*. Qu'on accepte l'un ou l'autre mot, il n'en est pas moins vrai qu'en procédant ainsi, les magistrats font à leur tour de *l'arbitraire*, sans la moindre protestation de la part de leurs chefs hiérarchiques.

On a parlé aussi de la sévérité des juges permanents et de leur justice inflexible. L'argument aurait pu avoir de la valeur autrefois, mais il n'a aucune raison d'être aujourd'hui. Il résulte en effet des statistiques officielles que les tribunaux correctionnels, dans l'application de la peine, font presque aussi souvent usage des circonstances atténuantes que le jury, et que les cours d'assises abaissent fréquemment, dans ce cas, la peine de deux degrés, alors qu'ils pourraient l'abaisser d'un degré seulement. Dès lors, pourquoi refuser à la magistrature ce témoignage de confiance? Les intérêts de la société peuvent-ils être placés en des mains plus capables et plus sûres? Cette institution ne présente-t-elle pas des garanties autrement sérieuses que celle du jury? La qualification vraie donnée aux faits par des hommes éclairés et expérimentés ne serait-elle pas préférable à la qualification mensongère qu'ils reçoivent aujourd'hui, par une disposition aveugle de la loi?

Puisqu'on a invoqué les principes, on voudra bien reconnaître, qu'en principe, un des premiers devoirs du législateur est d'étudier incessamment l'action des lois pénales sur la moralité publique, pour s'assurer qu'elles ne dépassent pas la mesure, ou qu'elles n'y font pas défaut. Le législateur en est averti par les résistances que rencontre l'application de la loi. Si la défaillance est rare et exceptionnelle, le mal n'est pas grand ; mais si elle persévère et devient fréquente, ce qu'il a de mieux à faire, c'est de modifier la loi et de la conformer aux appréciations de la conscience publique.

Tout ce que je viens de dire au sujet de l'extension des attributions des chambres d'accusation se réduit à ceci :

La réforme dont il s'agit est-elle utile? Est-elle nécessaire? Serait-elle de nature à ramener la répression, au moins dans un grand nombre de cas, à une mesure plus certaine, plus égale et plus équitable, à rétablir une proportion plus exacte entre l'acte coupable et le châtiment ? L'administration de la justice criminelle serait-elle réellement améliorée par cette modification ?

Telle est la vraie, l'unique question.

Si la réforme est jugée utile et nécessaire, qu'on se hâte. Dans le cas contraire, le mal étant incontestable, qu'on cherche un autre remède.

CHAPITRE III.

QUESTIONS POSÉES AU JURY ET VERDICT.

J'arrive au dernier chapitre de mon projet de réformes. Il s'agit de la formule adoptée par la loi pour la position des questions soumises au jury et pour le verdict.

D'après la législation actuelle, une question unique est posée au jury, quant au fait principal : *l'accusé est-il coupable d'avoir commis tel ou tel crime ?* A cette question le jury fait de son côté une réponse unique, soit pour l'affirmative, soit pour la négative. Dans le premier cas, il répond : *oui*; dans le second cas, *non*; sauf ce qui concerne les circonstances atténuantes, qui font l'objet d'une question particulière.

Cette manière de poser les questions a fait naître, en théorie comme en pratique, de nombreuses difficultés. En droit, la loi défend les questions complexes, qui peuvent être pour le jury la cause de sérieux embarras. Et cependant la question de *culpabilité*, qui comprend tout à la fois le fait matériel, la participation de l'accusé à ce fait et l'intention coupable, n'est-elle pas une question complexe ? Ainsi, en interrogeant le jury sur une accusation de meurtre, ne lui demande-t-on pas tout à la fois si un homicide a été commis, si l'accusé en est l'auteur, et s'il a agi volontairement et avec une intention coupable ?

En dehors de cette question de droit, il est certain, en fait, que beaucoup de jurés se trouvent souvent embarrassés sur le sens qu'il faut donner aux expressions de la loi. Quelques-uns s'imaginent qu'ils sont interrogés uniquement sur l'existence matérielle du fait imputé à l'accusé et ne se rendent pas suffisamment compte de la partie de la question touchant à la culpabilité. D'autres s'attachent seulement à la moralité de l'acte, sans se préoccuper le moins du monde de sa matérialité.

En cas de déclaration affirmative, la réponse du jury comprend implicitement les trois points suivants : il y a eu crime ; l'accusé en est l'auteur ou le complice ; il a agi volontairement, c'est-à-dire avec une intention criminelle. La complexité de la question présente alors peu d'inconvénient, précisément parce que la réponse du jury comprend nécessairement tous les détails de la question. Mais c'est dans l'hypothèse adverse, c'est-à-dire en cas de réponse négative, que ce système peut devenir une cause d'embarras et de dangers. Par cela seul que le jury, procédant intérieurement à la décomposition de la question, arrive à la négative sur l'un des trois points énoncés ci-dessus, il est obligé de donner à l'audience une réponse négative sur l'ensemble de la question, comprenant le fait matériel et le fait moral. Voici, par exemple, un jury consulté sur le point de savoir si l'accusé est coupable d'un meurtre. Chaque membre devra se poser intérieurement ces trois questions : Quelqu'un a-t-il été tué ? Est-ce l'accusé qui a tué ? L'a-t-il fait vo-

lontairement et avec une intention criminelle ? Or,
il peut se faire que parmi les membres du jury, les
uns pensent qu'il n'y a pas preuve qu'un homicide ait été commis ; d'autres, qu'il n'y a pas preuve
que l'accusé en soit l'auteur ; d'autres enfin, que,
tout en étant l'auteur du fait, il n'a pas agi dans
une intention criminelle. Dans ces divers cas, la
réponse du jury sera cependant la même : *non, l'accusé n'est pas coupable*. De cette manière, il sera
impossible de savoir quel motif a pu déterminer
cette réponse négative.

J'ai eu plusieurs fois l'occasion, soit comme as-
sesseur aux assises, soit comme président, d'entendre le jury se plaindre de cette confusion et regretter que les questions ne fussent pas posées autrement. Le sens attaché par la loi au mot *coupable*
paraissait à quelques-uns manquer de netteté, et il
fallait les explications du président, du ministère
public et de l'avocat, pour dissiper les incertitudes
de leur esprit.

Mais ce n'est pas seulement pour le jury que la
difficulté existe. Les questions de pénalité ne sont pas
les seules qui s'agitent devant les cours d'assises ;
la loi leur soumet des questions d'un autre ordre
dont la solution est quelquefois fort importante. Il
arrive assez souvent qu'à la suite de la poursuite
d'office, une partie civile intervient aux débats et
réclame des dommages-intérêts contre l'accusé. En
cas de réponse affirmative, la tache des magistrats
est facile : ils n'ont qu'à apprécier, d'après les docu-

ments qui leur sont soumis, la valeur du préjudice causé par le crime; mais que décider lorsque la réponse a été négative, c'est-à-dire lorsque l'accusé a été déclaré *non coupable* du fait qui lui était imputé? La cour peut-elle encore, dans ce cas et sans violer la chose jugée, accorder des réparations civiles?

Au point de vue du droit pur, la solution de la question n'est pas douteuse, puisque les art. 358 et 366 du *Code d'instruction criminelle* autorisent formellement la cour d'assises à « statuer sur les dommages-intérêts respectivement prétendus par la partie civile ou par l'accusé». La jurisprudence est maintenant fixée sur ce point, et il est admis par la cour de cassation, les cours d'appel et la plupart des auteurs que les cours d'assises peuvent parfaitement, même en cas d'acquittement, condamner l'accusé à des dommages-intérêts envers la partie civile. Mais l'exercice de ce droit n'en a pas moins excité dans la presse, à plusieurs reprises, l'émotion la plus vive. Qu'une condamnation pécuniaire puisse être prononcée contre un accusé *absous*, soit parce qu'il est dans un cas d'excuse légale, soit parce que le fait à lui imputé n'est pas puni par la loi, cela se comprend, dit-on, puisqu'il a pu résulter de ce fait non punissable un dommage qui doit être réparé; mais sur quel motif se fonder pour condamner même pécuniairement un individu acquitté purement et simplement? Qui vous dit que le jury, en répondant négativement à la question de culpabilité, n'a pas été déterminé par l'insuffisance des preuves sur l'existence du fait ou sur la participation de l'accusé ? Dans le doute, comment les magistrats peuvent-ils déclarer que ce fait est prouvé à leurs yeux et que l'accusé en est l'auteur responsable?

Ces objections sont graves; elles peuvent n'être pas fondées au point de vue juridique, mais elles le sont incontestablement au poit de vue de la raison et de la logique. On a beau invoquer les textes de la loi, il n'en est pas moins vrai qu'il y a là une contradiction choquante qui frappe au premier abord tous les esprits. L'opinion publique ne se forme pas de l'étude approfondie des textes, ni des solutions de la jurisprudence, ni des commentaires plus ou moins savants, des jurisconsultes et des professeurs. C'est un sentiment qui éclate, plus spontané que raisonné, mais qui, par cela même qu'il révèle un certain état des esprits, mérite qu'on en tienne un compte sérieux. Ce qui a toujours frappé et ému l'opinion en cette matière, c'est la contradiction entre deux décisions également souveraines et ayant droit au même respect. Elle se dit que la même question résolue négativement par le jury, les magistrats se la sont posée à leur tour et l'ont résolue affirmativement. Il est manifeste, en effet, que les magistrats, en condamnant l'accusé acquitté à des dommages-intérêts, ont eu sur les faits une autre conviction que le jury. Là où le jury avait reconnu un innocent, ils ont aperçu, sinon un criminel dans le sens absolu du mot, du moins un individu qui avait un acte blâmable à se reprocher. En d'autres termes, ils ont déclaré constant un fait dont l'existence matérielle n'est pas même établie d'après la décision du jury. Un doute se présente alors naturellement : Est-ce la magistrature qui se trompe ? Est-ce le jury ? Or, le jour où un pareil doute s'empare de l'esprit public, on voit chanceler la base la plus essentielle de l'ordre social : le respect absolu de la chose jugée.

Cette difficulté n'existait pas dans la législation antérieure à 1808, qui défendait expressément de poser au jury des questions complexes, c'est-à-dire s'appliquant tout à la fois au fait matériel et à la culpabilité de l'accusé. La question principale devait, dans chaque accusation, se décomposer en plusieurs autres questions de détail, présentant chacune une idée simple, unique, indépendante de toute autre.

L'article 374 du code de brumaire An IV était ainsi conçu :

« La première question tend essentiellement à savoir si le fait qui forme l'objet de l'accusation est constant ou non ; la seconde, si l'accusé est convaincu ou non de l'avoir commis, ou d'y avoir coopéré. Viennent ensuite les questions qui, sur la moralité du fait et le plus ou moins de gravité du délit, résultent de l'acte d'accusation, de la défense de l'accusé ou du débat. »

Aux termes de cet article, la question de criminalité comprenait les trois points suivants : 1° matérialité du fait ; 2° coopération de l'accusé à ce fait ; 3° volonté et intention coupable. Quelle que fût la réponse du jury, aucune équivoque n'était ainsi possible, et les magistrats composant la cour pouvaient parfaitement se rendre compte des motifs qui avaient déterminé le verdict. Le jury répondait-il négativement à la première question relative à l'existence du fait, l'examen des autres devenait inutile et la cour se bornait à prononcer l'acquittement de l'accusé, sans aucun recours possible du côté de la partie civile. Le jury déclarait-il, au contraire, le fait constant et l'accusé auteur du fait avec volonté criminelle, aucun doute ne pouvait s'élever sur le droit de la partie civile à des dommages-intérêts. Mais une dernière hypothèse pouvait se présenter, celle d'une déclaration affirmative du jury sur les deux premières questions et négative sur la troisième, celle de la volonté criminelle. Lorsqu'il s'agissait d'un meurtre, par exemple, le jury pouvait répondre : oui, il y a eu homicide ; oui, c'est l'accusé qui l'a commis ; non, il ne l'a pas commis avec une volonté criminelle. Un tel verdict faisait disparaître la criminalité et l'accusé devait être renvoyé absous, mais il restait un acte dommageable pouvant donner lieu vis-à-vis de la partie civile à des réparations pécuniaires.

A ce point de vue particulier, le code de brumaire était évidemment plus logique que le code actuel. Cette législation a été cependant abrogée par le motif qu'elle multipliait trop les questions et entraînait pour le jury une perte de temps considérable. Il est certain que, dans un certain nombre d'affaires présentant à juger des faits compli-

qués et plusieurs accusés, les questions relatives
soit à la complicité, soit aux circonstances principales, soit aux circonstances aggravantes, attei-
gnaient quelquefois un chiffre élevé et qu'il pouvait en résulter une certaine confusion dans les
réponses du jury ; mais ces inconvénients n'étaient-
ils pas compensés par les avantages que nous avons
indiqués et qui tenaient à la décomposition des
questions à résoudre ? Dans tous les cas, il y a là
une question délicate, qui me paraît mériter l'attention des pouvoirs publics et du législateur.

Mais la réforme, si elle a lieu, devrait porter sur
un autre point qui me paraît non moins important.

En matière ordinaire et devant toutes les juridictions de droit commun, le juge est tenu de motiver ses arrêts. C'est le compte rendu de sa décision à l'autorité dont il relève et à l'opinion publique. C'est aussi la plus forte garantie donnée aux
intérêts sociaux et à la fidèle exécution des lois.
Aussi, la nécessité des motifs pour les décisions judiciaires a-t-elle été regardée dans tous les temps
et chez tous les peuples comme une des maximes
fondamentales du droit public. En France, notamment, il est de règle que toute décision de justice
doit être réformée si elle n'est motivée, cu si elle
ne s'appuie que sur des motifs insuffisants. Il n'est
pas jusqu'à la rédaction des jugements qui n'ait
aussi ses règles. La déclaration du principe de
droit qui est le fondement de l'arrêt ; la détermina-

tion exacte et circonstanciée de l'espèce ; l'application logique de la loi à l'espèce ; le tout exprimé clairement et sans ambiguïté : tels sont les principaux caractères du style des arrêts.

En dehors de ces prescriptions légales, il existe d'ailleurs chez les magistrats une sorte d'assurance mutuelle de dignité et d'intégrité qui suffirait à les protéger contre les mauvaises influences. Loin d'atténuer la responsabilité, comme on l'a prétendu, l'esprit de corps ne fait que l'accroître, car il constitue pour des hommes soumis aux mêmes devoirs, investis des mêmes droits, assujettis aux mêmes habitudes, une solidarité d'honneur et de bonne renommée qui les oblige à s'exciter sans cesse au bien.

De tous les citoyens appelés à coopérer à l'œuvre de la justice, le juré est le seul qui ne soit soumis à aucun contrôle, à aucune responsabilité. Il n'a qu'un *oui* ou un *non* à prononcer, et sa volonté fait la loi. Ne sait-on pas que le jury est une institution démocratique, c'est-à-dire une délégation de la souveraineté populaire, et faut-il s'étonner qu'en formulant ses oracles sur ce ton bref et absolu, l'institution ait conservé l'empreinte de son origine ?

Tandis qu'elle impose aux magistrats des règles sévères dont ils ne peuvent s'écarter, la loi dit aux jurés : « Voici un accusé contre lequel s'élèvent les charges les plus graves, puisque les magistrats chargés de la poursuite et de l'instruction ont cru devoir le déférer à votre tribunal. Examinez l'affaire et statuez comme vous l'entendrez. Je ne veux savoir ni pourquoi vous condamnez, ni pourquoi vous acquittez, ni par quels moyens se forme votre conviction. A mes yeux, vous êtes omnipotents et irresponsables ; j'accepte donc votre verdict, quel qu'il soit, et nul n'aura le droit de vous en demander compte. La seule question que je vous adresse est celle-ci : *Etes-vous convaincus ?* »

En attribuant au jury ce pouvoir illimité, la loi n'a-t-elle pas manqué de sagesse et de prévoyance ? Il suffit, selon moi, d'un peu d'attention pour comprendre les inconvénients et les dangers de ce système. La souveraineté, quand elle est absolue et sans contrôle, entraîne habituellement celui qui en est investi aux exagérations et aux abus. On a beaucoup crié, et avec raison, contre les dangers du pouvoir personnel en matière politique. Or, ce qui est vrai de la souveraineté politique d'un seul ne l'est pas moins de la souveraineté judiciaire appliquée à une réunion d'hommes que rien n'a préparés à en user sagement. En accordant au jury une souveraineté de cette nature, la loi a donc édicté une disposition dangereuse et mauvaise. Ainsi qu'il fallait s'y attendre, le jury a abusé de son droit et acquitté à tout propos, pour faire acte d'omnipotence et prouver qu'il entendait faire usage de la dictature suprême que la loi lui avait si imprudemment octroyée. Ainsi s'expliquent ces scandaleuses décisions, par malheur si fréquentes depuis quelques années, dont j'ai cité quelques exemples dans la seconde partie de ce travail et dont la presse elle-même s'est montrée indignée.

Ce qu'il y a de plus grave dans cet état de choses, c'est que la défaillance du jury procède souvent des sentiments les meilleurs et les plus généreux. Celui-ci se laisse toucher outre mesure par la situation malheureuse de l'accusé. Du criminel il ne voit que l'impuissance actuelle et la déchéance, sans songer aux conséquences désastreuses produites par le méfait, tant au point de vue des intérêts sociaux qu'au point de vue des intérêts privés. Un autre, recommandable par son esprit et son savoir, mais moraliste et philanthrope hors de propos, va puiser ses inspirations, non dans la loi, mais dans l'esprit de système. Il ressent au fond de son âme la vive indignation que le crime doit toujours inspirer à un honnête homme, mais il cède involontairement à cette pente irrésistible des théories personnelles qui porte tant de bons esprits de notre temps à repousser tout ce qui ne répond pas entièrement à leurs rêves.

Je crois qu'il serait facile d'éviter ces écarts en mettant le jury dans l'obligation de s'expliquer séparément, comme le voulait le code de brumaire, sur l'existence du fait et la participation matérielle et morale de l'accusé à ce fait. Je crois que beaucoup de jurés reculeraient devant un acquittement, si, une fois le fait reconnu constant et la participation de l'accusé admise, ils se trouvaient en présence de cette troisième question : L'accusé a-t-il agi volontairement ? Leur hésitation serait bien plus grande encore s'ils étaient obligés de motiver leur verdict négatif, c'est-à-dire d'indiquer pourquoi l'accusé n'a pas agi volontairement. L'absence de volonté peut, en effet, tenir à plusieurs causes dont les principales sont l'état de légitime défense et la folie. En déclarant que le fait est prouvé et que l'accusé en est l'auteur, mais qu'il n'y a pas eu volonté criminelle, le jury devrait donc affirmer en même temps que l'accusé se trouvait, soit dans le cas de légitime défense. soit en état de folie, soit dans tout autre état analogue ; ce qui serait le plus souvent absolument contraire à la vérité des faits. Ce serait en outre proclamer devant le public qu'un fait essentiellement immoral, dont l'accusé est incontestablement l'auteur, doit rester sans répression. Le jury peut parfaitement aujourd'hui braver l'opinion, son verdict n'étant ni motivé, ni soumis à aucun contrôle, et les raisons qui l'ont déterminé devant rester inconnues, mais s'il savait sa décision menacée d'une réprobation générale, il apporterait certainement plus de soin et d'attention dans l'accomplissement de son mandat.

D'autre part, le retour à la législation de l'an IV faciliterait singulièrement, comme je l'ai déjà dit, le règlement des dommages-intérêts, en ce sens qu'il n'y aurait plus de contradiction entre la déclaration du jury. reconnaissant l'accusé comme l'auteur du fait incriminé, quoique non responsable au point de vue pénal, et l'arrêt de la cour condamnant ce même accusé à des dommages-intérêts, en réparation du préjudice causé par le fait matériel.

A tous les points de vue, cette réforme ne pour-

rait donc produire que de bons résultats, surtout
si les magistrats se décidaient à user plus souvent
de la faculté que leur donne la loi de renvoyer l'affaire devant un nouveau jury, lorsqu'ils sont una-
nimement convaincus que le premier s'est trompé
au fond. Les cours d'assises n'useraient, sans doute,
de ce droit que rarement et au cas d'un de ces acquittements scandaleux qui soulèvent l'opinion publique, mais le jury le voyant excercé quelquefois
et sachant que son arrêt peut être réformé par un
autre jury, statuerait avec plus de circonspection
et de maturité. On a objecté que l'annulation par
les magistrats d'un verdict du jury pourrait faire
sur le jury une pénible impression ; cela est vrai et
je me garderai bien de le contester, mais l'acquittement d'un accusé évidemment coupable ne pro-
duit-il pas aussi une impression déplorable sur
l'opinion ? Renvoyer libre et impuni un meurtrier,
n'est-ce pas ouvrir la voie à de nouveaux meurtres
et sacrifier d'avance des innocents ?

CINQUIÈME PARTIE.

CONCLUSION ET RÉSUMÉ.

CINQUIÈME PARTIE.

CONCLUSION ET RÉSUMÉ.

Ici se termine ma tâche. Je ne sais si le but que je me suis proposé sera atteint; en tout cas, je croirai avoir assez fait si je suis parvenu seulement à démontrer la gravité de notre situation criminelle et à indiquer quelques-uns des remèdes que la situation comporte. Je me suis attaché surtout à bien poser les questions que soulève une semblable étude, convaincu qu'une question bien posée est à moitié résolue.

A ceux qui pourraient me reprocher d'avoir été trop absolu dans l'expression de mes idées, je n'ai qu'une réponse à faire : c'est que ces idées sont le fruit d'une conviction profonde, qui ne s'est pas emparée de mon esprit dans l'inexpérience de l'âge et au milieu des illusions de la jeunesse; elle est venue à une heure où les erreurs et les fautes apparaissent clairement aux hommes de bonne foi qui cherchent sincèrement la vérité, alors que le fait vient en aide à l'idée et que l'idée elle-même n'est plus que le flambeau du fait. La jeunesse nous rend naturellement confiants et enthousiastes, mais à mesure qu'arrivent les années, qu'on se détache du passé et de soi-même, on entre sans effort dans une appréciation plus vraie de toute chose et la passion disparaît devant la calme liberté de la raison.

A l'époque où je suis entré dans la magistrature, il y a plus d'un demi siècle, j'étais persuadé, comme la plupart des hommes de ma génération, que les criminels péchaient surtout par ignorance et entrainement, et qu'il valait mieux redresser l'arbre mal fait que le couper. Puis est venue l'expérience, non pas seulement l'expérience de fonction, mais celle de l'homme du monde mêlé aux questions et agitations de son temps. Or, cette double expérience m'a prouvé que l'indulgence et la philanthropie ainsi comprises étaient, en matière de justice répressive, une idée fausse et dangereuse, et qu'à un petit nombre d'exceptions près, celui qui enfreint la loi sait parfaitement ce qu'il fait et obéit soit à un mauvais calcul, soit à une mauvaise passion, soit à un mauvais naturel. Au calcul du crime, la loi doit opposer le calcul de la peine; à la passion qui veut se satisfaire à tout prix, la perspective d'une gêne plus grande que le plaisir ; à l'influence d'une mauvaise nature, celle de l'intimidation.

J'ai déjà dit, en parlant des nouvelles associations de malfaiteurs, qu'aux yeux de ces hommes pervers le crime n'était autre chose qu'une spéculation organisée comme une opération de commerce et de banque, où tout était prévu et calculé avec la plus grande habileté. C'est contre cette armée nomade que la société doit, de son côté, organiser sa défense. Le Code pénal doit lui servir de rempart, et il faut que ce rempart soit assez solide pour enlever au plus grand nombre des assiégeants l'idée même de l'escalade.

La même transformation tend à se produire depuis quelques années dans le monde des assassins. Ce n'est pas la mauvaise éducation, l'ignorance, la misère qui poussent aujourd'hui au meurtre un certain nombre de criminels. Le meurtre n'a souvent d'autre origine que la passion du plaisir et des jouissances, qu'un besoin d'argent non satisfait. La plupart de ces malfaiteurs sont des hommes instruits, intelligents et ont reçu une instruction au dessus de la moyenne. Quelques-uns même savent plusieurs langues, comme Prado, Pranzini, Eyraud, et auraient pu trouver dans des connaissances spéciales le moyen d'arriver à la fortune, ou tout au moins de tenir honorablement leur rang dans le monde. Rien ne leur manquait pour vivre en honnêtes gens et en bons pères de famille, sauf l'amour du travail et la modération dans les goûts. Ils ont mieux aimé demander leurs ressources au crime et entrer en lutte ouverte avec cette société qui n'avait eu pour eux que sympathie et bienveillance. Vêtus avec élégance, fréquentant les théâtres, les maisons de jeu, les meilleurs hôtels, les villes d'eau

11

les plus renommées, entretenant des femmes quand
ils ne sont pas entretenus par elles, ces nouveaux
chevaliers de la Bohème sont décidés à ne reculer
devant aucun obstacle pour arriver à la satisfaction de leurs passions. Une fois engagés dans cette
situation, ils cherchent à en sortir par la force du
revolver ou du couteau.

Je me demande quel intérêt, quelle pitié peuvent inspirer de tels hommes, et si la justice
n'est pas en droit de se montrer envers eux d'une
rigueur inexorable.

Non pas, certes, que je veuille prétendre que le
code pénal doit être écrit en lettres de sang. Si la
société a ses droits, l'humanité a aussi les siens,
et les uns ne doivent pas être exercés au détriment
des autres. Ami du droit commun et des idées
libérales, je ne demanderai jamais le retour à ces pratiques impitoyables de l'ancien régime que l'Assemblée nationale a condamnés avec tant de raison, ni
à ces tribunaux d'exception qui ont laissé en France
de si tristes souvenirs et que l'histoire a justement
flétris. D'ailleurs, si la grande majorité des malfaiteurs ne mérite aucune pitié, il en est quelques-uns
que la misère, l'ignorance ou des circonstances en
quelque sorte fatales ont conduits au crime et dont
le retour au bien est toujours possible. Ceux-là ont
droit évidemment à toute l'indulgence des juges.
Ces concessions je les comprends mieux que per-
sonn, car, dans ma longue carrière judiciaire, j'ai
toujours prêché d'exemple en pareil cas. Ce que je
ne comprends pas, c'est cette philanthropie creuse

et mensongère qui s'occupe beaucoup plus des coupables que des victimes, qui pousse systématiquement au pardon et à l'impunité et cherche à excuser les plus grands crimes par l'influence de passions désordonnées ou d'une hérédité fatale.

Cette disposition d'esprit prend sa source dans l'anéantissement des croyances religieuses, dans un égoïsme profond, dans l'absence de sens moral, dans une notion dépravée de la responsabilité humaine. Elle n'est pas, quoi qu'on en dise, l'œuvre du vrai progrès. Le vrai progrès ne demande ni sang ni supplice, mais il ne s'émeut que pour les infortunes réelles, il s'indigne contre le crime et se croit plus généreux dans sa juste sévérité que toute la philanthropie moderne dans son étrange sollicitude. « Dans les jugements, dit Bossuet, c'est de l'oppressé et de ceux qui souffrent par les hommes injustes et violents qu'il faut avoir compassion ».

La législation pénale actuelle, malgré quelques imperfections de détail qu'il serait facile de corriger, peut parfaitement suffire à tous les besoins de la défense sociale. Ses incriminations sont fondées, bien plus qu'autrefois, sur de saines notions de philosophie et de morale, et ses pénalités, dans leurs rigueurs indispensables, respectent toujours la dignité humaine ; seulement, il n'a pas toujours été fait de cette législation une application ferme et intelligente. Comme toute autorité, le droit de punir a son principe et sa raison dans les exigences les plus absolues de l'ordre moral. Bien ou mal inspirée, la repression pénale peut donner une bonne ou une mauvaise direction aux mœurs, détruire ou consacrer les préjugés et les erreurs du temps, redresser ou pervertir l'opinion. Les rigueurs excessives ou les faiblesses exagérées des jugements peuvent donc avoir les résultats les meilleurs ou les plus fâcheux au point de vue social.

En résumé, trois grands faits me paraissent ressortir de cette étude :

1° L'accroissement des crimes les plus graves, avec la participation pour un certain nombre de ces crimes de jeunes gens arrivés à peine à la puberté.

2° La progression énorme des simple délits, dont quelques-uns se sont accrus dans la proportion de 100, 150, 300 et jusqu'à 1000 pour 100.

3° Le mouvement constamment ascensionnel des récidives, malgré toutes les mesures prises pour l'arrêter.

Voilà des faits certains, indéniables, que toutes les arguties de l'école philanthropique ne parviendront pas à détruire et auxquels il faut chercher à la fois une explication et un remède.

J'ai indiqué en détail les causes principales auxquelles devait être imputé le premier fait et j'ai insisté sur la faiblesse du jury et la nécessité de le réorganiser sur de meilleures bases.

J'ai parlé également de la mauvaise direction donnée à l'enseignement public pour l'éducation de l'enfance. Sur ces divers points la réforme s'impose.

L'augmentation du nombre des délits tient à des causes complexes qu'il est plus facile d'indiquer que de combattre. Au grand jour des civilisations modernes, sous l'action des faits divers qui transforment les passions et substituent les ressources et les combinaisons de la fraude aux excès de la violence, les mœurs s'adoucissent en se dépravant. Les anciens attentats contre la propriété deviennent plus rares, mais les délits inspirés par la ruse, l'astuce, la corruption, la bassesse se multiplient. Aussi, l'art d'attenter à la propriété va-t-il en se tranformant, en se raffinant en quelque sorte tous les jours. Il a passé du vol au faux, à la banqueroute, à l'abus de confiance, à l'escroquerie, à la filouterie, aux tromperies et aux falsifications de toute nature.

La France a eu des époques philosophiques, des époques littéraires, des époques artistiques ; la nôtre est essentiellement industrielle. Assurément, il ne faut pas traiter avec dédain les progrès qu'enfante le génie industriel et les développements qu'il donne à la prospérité, à l'amélioration matérielle d'une nation, mais on ne saurait nier que l'extrême diffusion des richesses ne développe, de son côté, au grand détriment de la morale publique, la passion excessive du bien-être et des jouissances. Plus la matière se perfectionne, plus les exigences de la vie augmentent. Bien loin de maîtriser les mauvaises passions, l'industrie ne fait que les exciter et leur fournir un nouvel aliment, en faisant assister les classes ouvrières à ce déploiement exagéré de luxe, à ce goût effréné de plaisirs qui sont devenus un des besoins de notre époque. Tout s'apprend aujourd'hui dans les ateliers, excepté cet amour de l'économie, cette simplicité dans les habitudes, cette modération dans les désirs qui distinguaient nos pères.

Les mêmes causes expliquent jusqu'à un certain point le mouvement ascensionnel des récidives, mais la cause principale de cette progression tient évidemment, comme je crois l'avoir démontré, à l'imprudence et à l'incurie du législateur, qui n'a eu recours jusqu'ici qu'à des mesures insuffisantes pour mettre un terme à une situation de plus en plus menaçante.

Quelle que soit l'opinion qu'on adopte sur ces diverses questions, il doit être établi pour tout esprit sérieux que des faits de cette nature ne peuvent qu'avoir un grand poids dans la balance de nos destinées morales et politiques. Pour arriver à une amélioration réelle, nous devons absolument sortir de nos anciennes erreurs. Elles sont surtout frappantes dans une démocratie de trente-six millions d'habitants, où règne, avec l'égalité la plus absolue, un mouvement prodigieux et souvent désordonné dans les aspirations et les idées. Au lieu de rappeler le peuple par de mâles conseils au devoir, à l'obéissance, au respect de la loi, à l'amour de l'ordre et de la paix sociale, les publicistes d'une certaine école ne cessent de l'échauffer par l'idée de ses prérogatives et de ses droits.

On sait ce qu'a produit cette propagande révolutionnaire : l'esprit de guerre et de révolte domine partout aujourd'hui. Nous assistons à la plus grande crise politique, religieuse et sociale qui se soit peut-être produite depuis la chute du paganisme. Pendant qu'on s'agite sur tous les points pour des intérêts d'un jour, la crise se développe, s'aggrave et prend des proportions effrayantes. Il ne sert de rien de détourner la tête, ni de fermer les yeux à la lumière ; la crise est partout, elle est dans les institutions, dans les doctrines, dans les mœurs, dans les croyances, et, comme le sphinx antique, si nul ne trouve la formule qui doit la vaincre, elle nous dévorera.

Et c'est en France, chose terrible ! qu'elle atteint son maximum d'intensité. C'est la France qui, dans ces derniers temps, semble avoir eu le triste privilège de mettre à l'ordre du jour les plus redoutables questions de notre époque. Elle ne s'est pas bornée à poser l'éternel problème des rapports de la liberté avec l'autorité, de la monarchie avec la démocratie, du pouvoir personnel avec le pouvoir parlementaire ; elle a fait surgir de nouveau toutes les doctrines socialistes des temps passés et toutes les aspirations chimériques des masses, en constituant sur l'autorité du plus grand nombre la souveraineté du peuple. Un souffle destructeur semble déchaîné en ce moment sur la société moderne ; de toutes parts les institutions politiques se modifient, passant de la forme autoritaire à la forme démocratique la plus radicale. L'armée socialiste est partout, inscrivant sur son drapeau l'abolition de tous les principes sur lesquels reposent toutes les sociétés civilisées, la religion, la famille, la propriété, le travail. La force militaire est organisée, de son côté, sur les bases les plus formidables, prête sans doute à soutenir l'autorité, mais en mesure aussi de lui dicter des lois. Tous les gouvernements sont sur le qui vive, sachant que la moindre étincelle peut déterminer une conflagration générale, et, dans l'anxiété universelle que provoque une telle situation, les esprits se découragent, les caractères s'abaissent, les mœurs s'altèrent, comme à toutes les époques de décadence.

La société moderne se trouve en présence de trois grands ennemis dont la force s'accroît de jour en jour : l'école révolutionnaire, l'école socialiste, l'école matérialiste.

La première s'est attachée dans tous les temps à saper par tous les moyens le principe d'autorité. Elle a toujours cherché à réduire le pouvoir, quel qu'il fût, au rôle de patient, prenant pour devise ce fameux vers de La Fontaine : *Notre ennemi, c'est notre maître.* Tout en professant pour les plus pures illustrations du pays un mépris souverain, elle a des tendresses pour les Danton et les Robespierre et des circonstances atténuantes pour tous les monstres qui ont déshonoré le nom français.

La seconde rêve un bouleversement général et la reconstitution de la société sur les bases les plus étranges. Elle englobe dans une franc-maçonnerie redoutable, sous le titre d'*Internationale,* une partie importante des ouvriers du monde entier. Elle a ses apôtres, ses écrivains, ses tribuns proclamant tous l'avènement prochain d'un nouvel ordre composé uniquement d'ouvriers et d'où serait exclu tout ce qui a fait jusqu'ici l'ornement et la gloire de l'ancienne Société. « Descendez, c'est à moi de monter ! » Tel est le cri de guerre de cette association immense dont les progrès sont incessants. C'est elle qui envenime la lutte du travail et du capital, des patrons et des ouvriers, et fomente ces grèves multipliées dont le résultat inévitable est d'augmenter la misère des travailleurs eux-mêmes.

La troisième, peut-être encore plus dangereuse que les deux autres, nie Dieu, l'âme humaine, le libre-arbitre et enseigne crûment que la conscience n'est qu'une propriété de la matière et que le crime est le résultat direct et logique de penchants irrésistibles. Oter à l'homme son âme et ne lui laisser qu'un corps pourvu de tous les appétits matériels ; le confondre et l'abêtir dans la promiscuité universelle : tel est le but de l'école matérialiste. Pour elle, la responsabilité humaine est un mot vide de sens, puisque le malheureux qui enfreint la loi morale ou la loi sociale obéit fatalement aux lois qui lui sont propres, comme la pierre qui tombe obéit à la loi de la pesanteur.

Que sortira-t-il de cette nouvelle tour de Babel ? Dieu seul le sait. Dans tous les cas, ne comptons pas trop sur les bienfaits tant vantés de la civilisation moderne. L'antiquité païenne a connu une civilisation non moins brillante, pleine aussi de toutes les jouissances du luxe et des arts : civilisa-

tion savante et raffinée, où les courtisanes célèbres
étaient en honneur, où les affranchis. enrichis tenaient le haut du pavé, où les histrions et les bala-
dins étaient des gens considérables, où les financiers
et les hommes d'esprit étaient beaucoup plus recher-
chés et appréciés que les plus illustres citoyens, où
les préteurs concussionnaires éblouissaient le peuple de leurs prodigalités insolentes. Ces belles-let-
tres, dont la connaissance et l'habitude font, dit-on,
l'homme meilleur, n'avaient jamais eu de plus bril-
lants disciples; jamais la culture intellectuelle n'a-
vait atteint un niveau plus élevé. Et cependant cette
grande civilisation a croulé un beau jour, sans aucun effort et sous ses propres excès.

Le même sort est-il réservé à la civilisation moderne? Oui, certainement, si elle s'obstine dans la
voie fatale où s'était engagée l'ancienne, c'est-à-
dire si elle persiste à diviniser la matière et à faire
du sensualisme effréné la loi suprême de la vie des
peuples et des individus; si elle oublie que les institutions politiques et économiques doivent concourir
non seulement à l'amélioration physique et intellectuelle, mais surtout à l'amélioration morale des
classes laborieuses.

En présence des dangers qui nous menacent, ce
n'est pas trop de toutes nos forces et de toutes nos
ressources. Les croyances religieuses étaient considérées autrefois comme la meilleure barrière contre
de telles entreprises. La religion a cherché, en effet,
à toutes les époques, à atténuer la domination des
forts sur les faibles, des riches sur les pauvres, à

remédier autant que possible à l'inégalité des conditions et aux vices de la distribution des richesses. Pendant qu'elle dit aux riches et aux grands
de la terre : Votre premier devoir est de soulager
les souffrances des autres hommes qui sont vos
frères et vos égaux devant Dieu, elle dit aux pauvres : Soyez soumis aux volontés de Dieu et aux
lois de la société; cherchez dans un travail régulier et dans une conduite morale l'amélioration de
votre sort et soyez assurés que vous trouverez un
jour dans une vie meilleure la réparation et la récompense de vos misères terrestres.

Au point de vue social et gouvernemental, je ne
connais rien de plus élevé et de plus fortifiant
qu'une pareille doctrine; mais est-ce à ces sentiments qu'on s'adresse aujourd'hui ? Est-ce l'esprit
religieux qu'on s'efforce de ramener dans le cœur
du peuple ? La guerre n'est-elle pas au contraire
entre l'Église et l'État, entre la société laïque et la
société religieuse ? Les nouveaux réformateurs de
l'ordre social se gardent bien d'invoquer le secours
de cet esprit dont la haute portée politique leur
échappe entièrement. En même temps qu'ils enlèvent à l'homme ses plus sublimes élans, ses plus
hautes perspectives, ils exaltent outre mesure ses
facultés et sa puissance matérielle ; ils ne cessent
d'affirmer qu'ils ont en lui une foi aveugle et qu'ils
espèrent tout de lui. Après avoir, pendant plusieurs
siècles, revendiqué contre l'Église la liberté de
penser et de croire, ils poussent maintenant l'inconséquence jusqu'à vouloir lui imposer ce qu'elle
doit enseigner. Toutes leurs combinaisons, toutes

leurs manifestations sont marquées par un esprit de méfiance et d'hostilité auquel il est impossible aux mieux intentionnés de se méprendre. La démocratie moderne croirait manquer à toutes ses traditions si elle n'affectait en même temps d'être profondément anti-religieuse. Elle ne comprend pas que si la théocratie, comme pouvoir politique, doit être surveillée et contenue, l'idée religieuse est par elle-même une force immense dont tout gouvernement régulier devrait solliciter le concours. Elle ne comprend pas que les fêtes païennes de la *déesse Raison* ne parviendront jamais à suppléer à la haute influence que les croyances religieuses ont toujours exercée et exerceront longtemps encore sur l'esprit des populations. Le législateur peut bien modifier et abroger les lois, corriger les abus, frapper les coupables, mais il appartient à l'esprit religieux et à l'esprit religieux seul de changer les cœurs, de modérer les désirs, de redresser les mauvais penchants, d'inspirer à tous le sentiment du devoir et de l'obéissance. Au milieu de la convoitise universelle et de cet immense désir de jouissance qui agite les masses, quel sentiment est plus susceptible que le sentiment religieux de mettre un frein aux emportements de la force brutale et des passions violentes ?

Je dirai donc, comme un illustre écrivain (1), à nos gouvernants :

« Vous êtes en présence d'une multitude immense
« et ardente. Vous vous plaignez que les moyens

(1) Guizot — *La Démocratie en France.*

« vous manquent pour agir sur elle, pour l'éclairer,
« la diriger, la soutenir, la calmer, que vous n'en-
« trez guère en rapport avec elle que par les per-
« cepteurs et les gendarmes, qu'elle est livrée sans
« défense aux mensonges et aux excitations des
« charlatans et des démagogues, à l'aveuglement
« et à l'emportement de ses propres passions. Vous
« avez partout, au milieu de cette multitude, des
« hommes qui ont précisément pour mission, pour
« occupation constante de la diriger dans ses
« croyances, de la consoler dans ses misères, de
« lui indiquer le devoir, de lui ouvrir l'espérance,
« qui exercent sur elle cette action morale que vous
« ne trouvez plus ailleurs. Et vous n'accepteriez pas
« de bonne grâce l'influence de ces hommes ! Vous
« ne vous empresseriez pas de les seconder dans
« leur œuvre, eux qui pourraient vous seconder si
« puissammennt dans la vôtre, précisément là où
« vous pénétrez si peu et où vous ennemis, les en-
« nemis de l'ordre social, entrent et sapent inces-
« samment ! »

Tels sont les conseils que donnait, en 1849, une
de nos plus grandes et de nos plus pures illustra-
trations politiques aux hommes placés alors à la
tête du pouvoir. Ces conseils, on le sait, ont été peu
écoutés ; seront-ils mieux accueillis aujourd'hui ?
Je l'ignore, et j'avoue même que je n'y compte
guère, mais je n'en suis pas moins convaincu que
la poignante réalité qui ressort de cette étude finira
par appeler un jour ou l'autre la sérieuse attention
des pouvoirs publics et de tous les esprits éclairés.

C'est donc avec une entière confiance que je soumets mes observations aux législateurs de l'avenir; trop heureux si ceux de mes concitoyens qui me feront l'honneur de me lire veulent bien rendre hommage aux deux sentiments qui m'ont surtout dirigé: la vive inquiétude que m'inspire l'état moral de la société française, et ma profonde répulsion pour les passions, les maximes et les pratiques de la démagogie révolutionnaire et sans Dieu (1).

Quoi qu'il arrive, je crois être en droit de rappeler à ceux qui pourraient hésiter à suivre mon exemple cette belle devise de nos anciens :

Fais ce que dois, advienne que pourra !

---

(1) Des discussions récentes ont établi la justesse de mes observations au sujet de la publicité abusive donnée, depuis quelques années, aux informations criminelles. Mais je dois reconnaître que ce n'est pas aux journalistes seulement qu'auraient dû s'adresser mes reproches. Ces abus sont souvent le fait des magistrats eux-mêmes, qui parlent lorsqu'il faudrait se taire et ouvrent la porte de leur cabinet lorsqu'il faudrait la fermer.

(Note de l'auteur).

TABLE DES MATIÈRES.

CARPENTRAS. — IMPRIMERIE TOURRETTE.

www.ingramcontent.com/pod-product-compliance
Ingram Content Group UK Ltd.
Pitfield, Milton Keynes, MK11 3LW, UK
UKHW020135130726
13696UKWH00001B/372